Hello,

im Gras bewegt sich etwas. Jäh stoppt mein Reisebegleiter den Wagen. Und tatsächlich – da liegt ein Löwenrudel im Gras, Jungtiere sind auch dabei – nur wenige Meter von der durch den Kruger National Park führenden Straße entfernt. Wir beobachten die ganz gelassen wirkende Löwenfamilie gebannt und sehen schließlich zu, wie sie sich langsam ins Dickicht trollt.

TIERISCHE BEGEGNUNGEN SIND GARANTIERT

Momente wie dieser sind es, die mir meine Südafrika-Reise einzigartig erscheinen lassen. Tierische Begegnungen sind im Land am Kap immer wieder garantiert. Sei es mit den Big Five – dazu gehören neben Löwen auch Nashörner, Elefanten, Leoparden und Büffel –, mit Zebras, Giraffen oder Antilopen in einem der Nationalparks, mit Walen vor der Küste der Garden Route oder mit Pinguinen auf der Kap-Halbinsel. Ein besonderes Erlebnis sind Pirschgänge in freier Natur. Unser Autorenpaar Daniela Schetar-Köthe und Friedrich Köthe hat die Wildniswanderung im Kruger National Park getestet und kam zum Ergebnis: »Einfach paradiesisch!« (S. 101)

LICHT UND SCHATTEN

Weniger paradiesisch sind die Zustände in Soweto, jener riesigen Vorstadt von Johannesburg mit geschätzten 3–4 Mio. schwarzen und farbigen Bewohnern. Und doch sollte man auf einen Rundgang (oder eine Fahrradtour, wie Daniela Schetar-Köthe auf S. 115 empfiehlt) nicht verzichten. Hier kommt man hautnah mit dem schwarzen Südafrika in Berührung. Doch vielleicht starten Sie Ihre menschlichen Begegnungen in Südafrika viel entspannter, bei einer Gospeltour durch Kapstadts Township Langa (S. 81).

Herzlich

Ihre

Birgit Borowski

Birgit Borowski
Redaktion DuMont Bildatlas

Fotografiert hat diesen Band Tom Schulze, hier kommen er und seine Guides gerade von einer Canopy Tour durch die Baumwipfel des Tsitsikamma National Forest zurück.

Die Strände der Kap-Halbinsel sind bei den Bewohnern Kapstadts beliebt.

Traditionelle Lebensformen der San sind kaum noch erhalten.

Landschaftsvielfalt an der Garden Route – und ein attraktiver Nationalpark

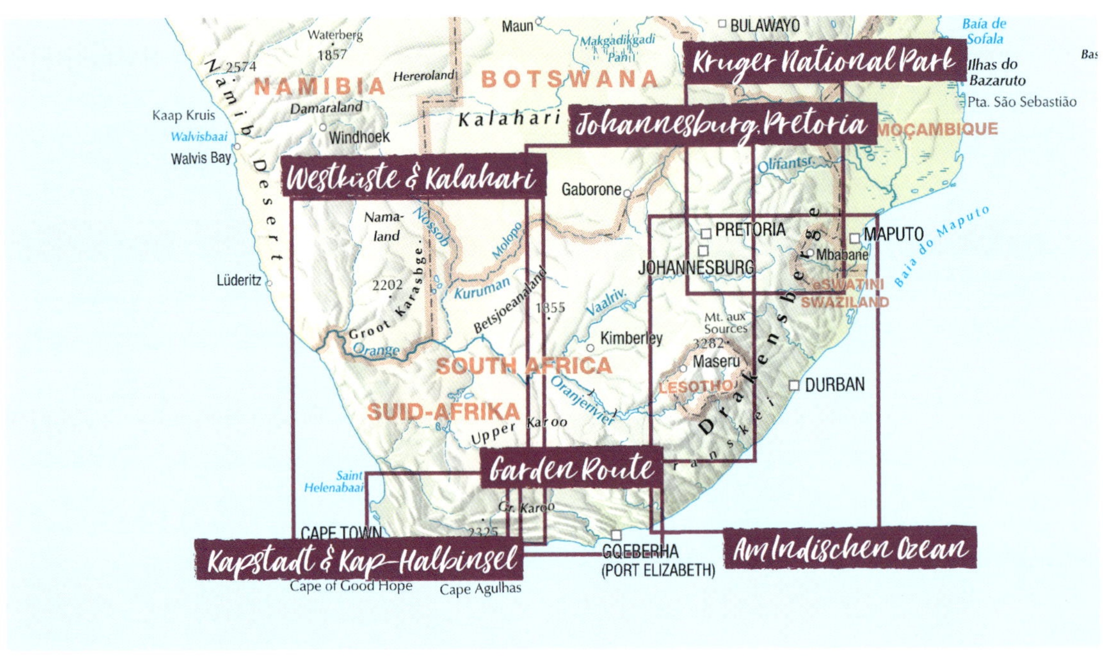

Unsere Favoriten

Das Beste erleben

Berührend, aufregend und spannend ...
sind unsere Ideen, die wir für Ihren Aufenthalt
in Südafrika zusammengetragen haben.

Großartige Natur

*** 1 ***

AUGRABIES FALLS NATIONAL PARK

Wasser wirkt im ariden Nordwesten wie ein Wunder.

Seite 52

*** 2 ***

KGALAGADI TRANSFRONTIER PARK

Meditative Wüstenlandschaft und grandiose Tierwelt – unvergesslich!

Seite 52

*** 3 ***

ISIMANGALISO WETLAND NATIONAL PARK

Ein faszinierender Nationalpark, der zu Wasser wie zu Lande Flora und Fauna schützt.

Seite 83

*** 4 ***

KRUGER NATIONAL PARK

Südafrikas ältestes Schutzgebiet ist ein Garant für beste Wildbeobachtung.

Seite 99

Reiner Genuss

*** 5 ***

TAFELBERG

Das Panorama vom 1086 m hohen Hausberg Kapstadts raubt einem den Atem.

Seite 37

*** 6 ***

KAP DER GUTEN HOFFNUNG

Hier gelang dem Portugiesen Bartolomeu Diaz 1488 die Entdeckung des Seewegs nach Indien, heute begeistern tolle Blicke.

Seite 37

*** 7 ***

BLYDE RIVER CANYON

Die Panoramastraße mäandert bergauf, bergab zu den schönsten Aussichtspunkten über eine fantastische Landschaft aus Sandstein und Granit.

Seite 101

7

2

Besondere Orte

*** 8 ***

ROBBEN ISLAND

Von der Gefängnisinsel zur Gedenkstätte – hier wurde Nelson Mandela 18 Jahre lang gefangen gehalten.

Seite 35

*** 9 ***

APARTHEID MUSEUM IN JOHANNESBURG

In dem Museum werden Besucher auf anschauliche, teils drastische Art mit dem Alltag während der Apartheid konfrontiert.

Seite 114

Frischer Schwung

*** 10 ***

BO-KAAP IN KAPSTADT

Häuschen in allen Farben des Regenbogens, elegante Minarette, exotische Gewürze – Bo-Kaap ist eines der reizvollsten Viertel im Zentrum von Kapstadt.

Seite 36

*** 11 ***

CAPE WINELANDS

Städtchen wie aus der Zeit gefallen, elegante Weingüter, kapholländische Herrensitze. Die Weinbauregion am Kap besticht mit landschaftlicher Schönheit, bezaubernder Architektur und den besten Weinen Südafrikas.

Seite 67

*** 12 ***

WALBEOBACHTUNG IN HERMANUS

Zwischen Juni und November bringen Wale hier ihre Jungen zur Welt, so lassen sich die sanften Riesen gut beobachten.

Seite 67

5

10

STRANDLEBEN

Der aus Südost wehende Cape Doctor (Kapdoktor), ein vom Tafelberg verursachter föhnartiger Fallwind, hat den Himmel über dem Kap blitzblank geputzt. Glasklar ist die Luft. Nur eine gute halbe Autostunde südlich der Metropole Kapstadt, in der Bucht von Muizenberg, findet wohl jeder sein Vergnügen an dem von bunten Holzhäuschen gesäumten Strand.

EIN GESEGNETES LAND

Historischer Alte-Welt-Charme, berühmte Weinanbaugebiete und ehrfurchtgebietende Natur prägen die Cape Winelands, zweifelsohne eines der bezauberndsten Urlaubsziele Südafrikas. An saftig-grüne Hänge schmiegen sich die Farmhäuser, während die beiden Zentren der Weinregion, Stellenbosch und Paarl, gekonnt kapholländisches Flair mit jugendlicher Dynamik vereinen. Das Weingut Zorgvliet schmiegt sich ins Banhoek-Tal bei Stellenbosch.

SCHUTZ DER WILDNIS

Gegründet wurde der Addo Elephant National Park, der rund 70 Kilometer nördlich von Port Elizabeth gelegen ist, im Jahr 1931, um die letzten elf verbliebenen Kapelefanten zu schützen. Heute leben hier wieder mehr als 600 dieser Tiere. Auch die anderen Vertreter der legendären „Big Five" – neben dem Elefanten Nashorn, Büffel, Löwe und Leopard – können in diesem Park bewundert werden.

TIEFER EINSCHNITT

Nach dem US-amerikanischen Grand Canyon und dem namibischen Fish River Canyon ist die Schlucht des Blyde River Canyon bei Graskop die drittgrößte der Welt. Der Fluss entspringt bei der alten Goldgräbersiedlung Pilgrim's Rest und führt durch eine wunderbar vielfältige, von unterschiedlichster Vegetation geprägte Erosionslandschaft.

URBANES LEBEN

Der Panoramablick vom Carlton Center in der Commissioner Street – mit 223 Metern Höhe ist es einer der höchsten Wolkenkratzer Afrikas – schweift weit über Johannesburg. Die Metropole breitet sich wie auch weitere große Städte und Industrieregionen auf dem südafrikanischen Hochland aus. Schon von hier oben lässt sich die vibrierende Dynamik, das quirlige urbane Leben wahrnehmen.

SEWAFRICA

Die ausgefallensten Unterkünfte

HIMMELBETT ODER BAUMHAUS

Es war ein heißer, staubiger Tag: Eine Elefantenherde hat Ihren Pfad gekreuzt, ein Löwe döste unter einem Akazienbusch und Paviane blockierten die Weiterfahrt. Wo nun abends von den Erlebnissen des Tages träumen? Auf einer afrikaansen Farm oder im Luxuschalet? Unter Sternen oder zwischen Weinreben? Hier die originellsten Übernachtungstipps.

1 Eine Nacht im Baumhaus

Die mächtige Krone eines uralten Kameldornbaums im Mokala National Park (Northern Cape) beschattet das Dinokeng Tree Top Cottage mit Schlafzimmer, Bad und Küche, in dem zwei Personen gemütlichen Unterschlupf finden. Tisch und Bank auf der Plattform davor erlauben den Blick auf das nahe Wasserloch, an dem große Antilopenherden und manchmal sogar Büffel ihren Durst stillen. Und wer weiß, mit etwas Glück linst am Morgen eine neugierige Giraffe durchs Fenster. Näher können die Gäste der Wildnis kaum kommen.

Mokala National Park
(70 km südwestlich von Kimberley)
Tel. 053 2 04 50 00
www.sanparks.org/parks/mokala/accommodation.php

2 Zelten im Baum

Glamping, also Luxus-Camping, in einem Wald am Fuße der Outeniqua-Berge ist ideal für Familienferien. Zwischen den Ästen in der Krone unter Vögeln und Schmetterlingen erfüllt sich der Traum aller Kinder (und der Erwachsenen). Dass das Ganze dann auch noch luxuriös ist, tut dem ja keinen Abbruch. Das Beste: Die Anlage folgt ökologischen Richtlinien und nutzt für das Trinkwasser den Regen, fürs Baden das Wasser aus dem Fluss. Acht Chalets stehen zur Verfügung. Davon ist eines als Honeymoon-Suite gestaltet, die anderen bieten Platz für mindestens vier Personen.

Bei Sedgefield 35 km nordwestlich von Knysna
Tel. 044 3562868, http://teniquatreetops.co.za

3 Französisches Savoir-vivre im Weinland

Kultiviert und mit unaufdringlicher französischer Eleganz empfängt das B & B Auberge Daniella seine Gäste im Weinstädtchen Franschhoek. Die drei ebenso luxuriösen wie gemütlichen Suiten sind mit Küche und allen Utensilien ausgestattet, die Selbstversorgern einen unabhängigen Aufenthalt ermöglichen.

Zum Sundowner auf der Terrasse streift der Blick über die mit Reben bewachsenen Hänge der Drakenstein Mountains. Eine stilvolle Unterkunft für Genießertage in den Cape Winelands.

5 Main Rd. Franschhoek
Cape Town
Tel. 021 8 76 20 31
http://aubergedaniella.co.za

4 Wo Gandhis Atem weht

Ein Jahr lang, 1908/1909, diente das Satyagraha House in Johannesburgs grünem Stadtteil Orchard einem jungen indischen Rechtsanwalt als Lebensmittelpunkt in Südafrika. Heute erinnert ein Museum darin an den charismatischen Inder, der später als Mahatma Gandhi in die Geschichte eingehen sollte. Gandhi hatte das Haus zusammen mit dem deutsch-jüdischen Architekten Hermann Kallenbach persönlich geplant. In einem modernen Annex übernachten Besucher in etwas spartanisch eingerichteten Zimmern, speisen im vegetarischen Restaurant und spüren Gandhis Aura überall.

15, Pine Road, Orchards
Johannesburg
Tel. 011 4 85 59 28
www.satyagrahahouse.com

5 Luxus im Maulwurfshügel

Sabi-Sabi, einer der ältesten an den Kruger National Park grenzenden privaten Wildparks, verweist stolz darauf, eine der weltweit wohl ungewöhnlichsten Lodges sein Eigen zu nennen: In der Earth Lodge residieren die Gäste im wahrsten Sinne des Wortes unter der Erde. Die Suiten wurden in einen Hang gegraben, sind von außen für das Wild nicht als solche zu erkennen und eröffnen dank großer Aussichtsterrassen einen ebenso ungewöhnlichen wie verstörend intimen Blick auf das Treiben am Wasserloch davor.

Tel. 11 4 47 71 72
www.sabisabi.com

6 Übernachten am südlichsten Punkt Afrikas

Gut unterhaltene Chalets sorgen im Agulhas Rest Camp des Agulhas National Park für kuscheligen Komfort am windumtosten Kap. Die mit Reet gedeckten Bungalows sind ebenso zweckmäßig wie schick eingerichtet. Und natürlich wartet vor jedem Häuschen ein *braai* auf passionierte Grillmeister. In den von Millionen von Sternen beleuchteten Nächten hört man manchmal den Gesang der Wale – oder ist es doch das Klagen Ertrunkener am Kap der Stürme?

L'Agulhas
Tel. 028 4 35 60 78
www.sanparks.org/parks/agulhas/tourism/accommodation.php

7 Wo Queen Elizabeth von ihrer Hochzeit träumte

Gegründet wurde der Kimberley Club im Jahr 1881, unter anderem von Cecil Rhodes. Das ehrwürdige Haus brannte mehrmals ab, wurde wiederaufgebaut und beherbergte, schließlich in ein Hotel umgewandelt, berühmte Persönlichkeiten, darunter 1947 die britische Königsfamilie mit der damals 21-jährigen Elizabeth, der späteren Queen. Gäste übernachten hier in wundervoll mit Historie aufgeladenen Zimmern, nostalgisches Kolonialflair inklusive.

72 Du Toits Rd, Kimberley
Tel. 053 8 32 42 24
www.facebook.com/kimberleyclub

SB
SOLOMON BROTHERS
zenzero

ZU FÜSSEN DES PLATEAUS

An der Südwestspitze des Kontinents gelegen, ist Kapstadt die älteste Siedlung im südlichen Afrika. Die vielleicht größte Trumpfkarte der Metropole ist ihre Lage: Während sie im Norden an die Tafelbucht grenzt, wird sie im Süden vom imposanten Plateau des Tafelbergs dominiert, zu dem auch die Zwölf Apostel gehören.

In Camps Bay, nicht weit von Kapstadts Zentrum, lässt man den Tag entspannt unter der großartigen Bergkulisse ausklingen.

Claudette Schreuders' Skulpturen der Nobelpreisträger an der Victoria & Alfred Waterfront, …

… Kapstadts nach Königin Victoria und ihrem Sohn benanntes Vergnügungsrevier rund um die beiden 1860 angelegten Innenhäfen der Stadt.

Zum kulinarischen Vergnügen in einem der Restaurants an der Victoria & Alfred Waterfront gesellt sich nicht nur an stimmungsvollen Abenden wie diesem der optische Reiz – mit Blick auf die nachtschwarze Silhouette des Tafelbergs.

Vom bequem mit einer Gondelbahn zu „erfahrenden" Tafelberg wie vom vorgelagerten Lion's Head hat man einen herrlichen Blick auf die Stadt.

EIN MAGISCHER ANBLICK: MIT EINSETZENDER DÄMMERUNG MACHEN DIE GLITZERNDEN LICHTER KAPSTADT ZUM DIAMANTEN.

Auch Jan van Riebeeck mag gedacht haben, dass es keine schönere und geschütztere Lage für einen Handelsstützpunkt gibt, als er sich 1652 mit seinem Schiff der vom Tafelberg überragten Bucht näherte. Das von seinen Leuten dort errichtete Castle of Good Hope mit dem sternförmigen Grundriss und das grüne Band der Company's Gardens, in denen die Niederländer Gemüse und Obst anbauten, zeichnen sich im Stadtbild auch aus der Höhe noch deutlich ab, und mit einsetzender Dämmerung machen die glitzernden Lichter Kapstadt zum Diamanten. Selbst den putzigen *rock dassies,* den Klippschliefern, die zwischen den Steinen auf dem Tafelbergplateau herumwuseln, gelingt es nicht, von diesem magischen Anblick abzulenken. Und wenn dann das „Tischtuch", die berühmte Wolkenwand von Westen über das Plateau kriecht und an seinen Hängen herunterfließt wie ein weißer Wasserfall in Zeitlupe, ist der Zauber perfekt.

WUNDERWELT AM KAP

An der Victoria & Alfred Waterfront spielt sich eine Jazzkapelle in 1930er-Jahre-Kostümen mit Dixieland-Hits in Laune. Die Zuhörer schunkeln, einige tanzen sogar. Schulklassen stehen an der Kasse des Two Oceans Aquarium, das sie in die unterseeische Wunderwelt der beiden Ozeane am Kap entführt. Zu Füßen des Old Clock Towers, auf dem der Hafenleiter früher den Schiffsverkehr in der Tafelbucht überwachte, besteigen Touristen und Einheimische die Fähre, die sie nach Robben Island und zu Nelson Mandelas ehemaliger Gefängniszelle bringt. Stühle und Tische der Restaurantterrassen sind bis auf den letzten Platz besetzt; in den Läden der Malls brummt das Geschäft.

EINE REGENBOGENNATION

Bei schönem Wetter wirkt die Waterfront mit ihrer Mischung aus viktorianischer Architektur in Pastellfarben und modernem Design in Chrom und Glas wie ein riesiger Vergnügungspark. Jeder scheint nur zwei Ziele zu verfolgen: Spaß und Konsum. Sieht so das neue Südafrika aus?

Wenn eine Stadt für die Zukunft steht, dann jedenfalls ist das Kapstadt. Angetrieben von der Dynamik einer multikulturellen Gesellschaft, von der andere Regionen noch träumen, kommt sie der Verwirklichung jener Vision nahe, die Nelson Mandela bei seiner Antrittsrede als Präsident im Jahr 1994 formulierte: „Wir sind aufgerufen, eine Gesellschaft zu errichten, in der alle Südafrikaner, Schwarze wie Weiße, mit

Souvenirstand am Greenmarket Square

Ganz schön bunt: Im In-Viertel Bo Kaap wurde nicht mit Farbe gegeizt.

Nachtleben auf der Long Street im Zentrum der Stadt

WENN EINE STADT FÜR DIE ZUKUNFT STEHT, DANN IST DAS KAPSTADT.

stolz erhobenem Kopf gehen können (...) – eine Regenbogennation im Frieden mit sich selbst und mit der ganzen Welt."

DISTRICT SIX

Auch Noor Ebrahim hatte diese Worte mit Stolz vernommen. Der elegante Herr führte viele Jahre durch das District Six Museum. Er tänzelte über den auf den Boden gemalten Stadtplan von Straße zu Straße und erzählte, dass hier ihr Haus stand, dort die Firma war. Noors Großvater war Ende des 19. Jahrhunderts aus Indien eingewandert, Großmutter Miriam stammte aus Schottland. In dem Stadtteil, der knapp 100 Jahre später als District Six ein Symbol der menschenverachtenden Apartheidspolitik Südafrikas wurde, begründete der Großvater eine Brauerei für Ingwerbier und stieg zu einem geachteten Geschäftsmann auf. Sein Enkel hielt die Entwicklung und vor allem die Zerstörung des District Six in Bildern fest und beschrieb die Ereignisse in einem lesenswerten Buch. Was er und andere Vertriebene retten konnten, nachdem ihr Lebensraum am Fuß des Tafelbergs gegen Ende der 1960er-Jahre plötzlich zum Wohngebiet für Weiße erklärt wurde und sie ihn verlassen mussten, steht heute im Museum.

Es erzählt davon, wie bunt der Alltag war im Viertel, in dem Muslime, Christen, Farbige, Händler und Künstler

Vom Sieg der Freiheit und Menschenwürde über Unterdrückung und Demütigung: Unter den Guides auf Robben Island sind auch ehemalige Häftlinge der Gefängnisinsel.

Unterwegs mit der Fähre zur Gefängnisinsel Robben Island, von der aufgrund gefährlicher Strömungen und der Entfernung zum Festland ein Entkommen quasi unmöglich war. Seit Mitte der 1990er-Jahre ist sie ein Natur- und Nationaldenkmal.

Nelson Mandela verbrachte 27 Jahre seines Lebens im Gefängnis, …

… davon 18 Jahre (1964–1982) in dieser Zelle auf der Gefängnisinsel Robben Island.

Special

Nelson Mandela

Der Landesvater

„Rolihlahla" (Unruhestifter) – Nelson Mandelas Xhosa-Name prägte sein Leben nachhaltig. Aber es war eine sanfte Unruhe, die der erste schwarze Präsident Südafrikas und Friedensnobelpreisträger stiftete.
Als sich am 11. Februar 1990 das Tor des Victor-Verster-Gefängnisses in Johannesburg für Nelson Rolihlahla Mandela öffnete, richteten sich die Fernsehkameras der Welt nicht nur auf ein prominentes ANC-Mitglied und Opfer der Apartheid, sondern bereits damals auch auf eine Legende. 27 Jahre hatte der Rechtsanwalt in Haft verbracht, darunter viele auf Robben Island, und nun sprach er nicht von Rache, sondern rief zur Versöhnung auf.

Der eigentliche Kampf um die Freiheit des farbigen und schwarzen Südafrika war damals jedoch noch in vollem Gange. Es wurde ein mühsames Ringen, zunächst um die Abschaffung der äußeren Apartheid, später dann um die Überwindung der inneren.

Dass der Übergang so friedlich verlief, ist einzig Mandela zu verdanken – davon sind alle Südafrikaner überzeugt. Der 1918 in Mvezo (Transkei) Geborene hatte bereits als junger ANC-Führer auf gewaltfreien Widerstand gesetzt, ganz in der Tradition Mahatma Gandhis. Nur fünf Jahre lang, von 1994 bis 1999, lenkte Mandela Südafrika als Präsident, doch sein Einfluss reichte weit darüber hinaus. Zu seiner Beisetzung am 15. Dezember 2013 kamen Staatsmänner aus aller Welt, um ihm die letzte Ehre zu erweisen.

nebeneinander lebten. Wie das Unheil Straße für Straße näher an das Haus der Familie Ibrahim heranrückte, Freunde und Familienmitglieder zwangsumgesiedelt irgendwo im Ghetto der Cape Flats verschwanden und Bagger ihre Häuser dem Erdboden gleichmachten. Wie es dann schließlich ihn selbst traf und ihm ganze vier Wochen blieben, um seinen Hausstand mit zwei kleinen Kindern aufzulösen und ein neues Heim zu finden. Kurz vor dem Abriss des Hauses rettete Noor sein Straßenschild, das nun ausgestellt ist. Und er kaufte sich eine Kamera, mit der er alle Stadien der Zerstörung festhielt.

Seltsamerweise spürte man nie Wut oder Hass in Noors Worten. Dass Südafrika nun von der Apartheidsdoktrin befreit ist und das kleine Museum, das er mitbegründete, an seine Heimat erinnert, schien ihm ausreichend Genugtuung zu sein. Als der charismatische Herr 2023 starb, verlor das Museum seine Galionsfigur – aber nicht seine Wirkung. Anschaulicher kann man Apartheid kaum vermitteln.

IN-VIERTEL: BO-KAAP

Das Schicksal von District Six blieb Bo-Kaap erspart, obwohl dieses heute so idyllische Stadtviertel am Fuß des Signal Hill dem Zentrum Kapstadts, der City

Aus der Luft betrachtet ergibt sich ein schöner Blick auf die Camps Bay und die Zwölf Apostel im Südwesten der Millionenstadt.

Ein sportiver Tag am Kap: Paddelfreuden im Hafen von St. James an der Kap-Halbinsel

Blühende Kapflora in Kirstenbosch, dem Botanischen Garten am Osthang des Tafelbergs

Edle Reben bringen (alkoholischen) Segen: Bereits seit über 200 Jahren produziert das Weingut Groot Constantia südlich von Kapstadt begehrte Tropfen.

Bowl, weitaus näher lag. Auch hier hatten sich bereits ab dem 18. Jahrhundert vor allem Muslime angesiedelt, aber der Anteil christlicher Bewohner war mit 40 Prozent hoch. Dies änderte sich mit dem Group Areas Act, mit dem das südafrikanische Parlament 1950 den Volksgruppen getrennte Wohngebiete verordnete. Bo-Kaap wurde den Malaien zugesprochen.

Heute ist Bo-Kaap eine der touristischen Hauptattraktionen von Kapstadt. Die in allen Farben des Regenbogens getünchten niedrigen Häuschen mit den charakteristischen Steinbänken davor, die Kopfsteinpflasterstraßen und winzigen Moscheen verbreiten ein fast dörfliches Flair. Dabei ist Bo-Kaap ungemein dynamisch, was viele seiner älteren islamischen Bewohner mit Sorge betrachten. Gerade bei den jungen kreativen Südafrikanern ist das Viertel in. Die Grundstückspreise haben sich in den letzten Jahren vervielfacht, ebenso die Mieten. Noch gelingt es engagierten Einwohnern, die schlimmsten Auswüchse von ihrem Stadtteil fernzuhalten, aber dem Problem der zunehmenden Gentrifizierung stehen sie machtlos gegenüber.

AUF DER LONG STREET

Ein Alkoholverbot kann die islamische Gemeinschaft nur im Umfeld ihrer Moscheen und innerhalb ihres Viertels durchsetzen. Insofern war die heiß diskutierte Frage, ob die Long Street noch zu Bo-Kaap gehört oder nicht, von einiger Bedeutung. Das sei nicht so, entschied schließlich die Kapstädter Stadtverwaltung, weshalb entlang der Haupteinkaufsstraße des Zentrums kein Mangel herrscht an Restaurants und Kneipen, in denen die Passanten bei einem Glas Weißwein aus Groot Constantia über ihr nächstes Shoppingziel diskutieren. Der Concept Store „Merchants on Long" findet sich ganz oben auf der Liste der Schicken und Schönen wieder. Die Südafrikanerin Hanneli Rupert trägt für ihren Laden zusammen, was sie bei afrikanischen Designern an Originellem, Exotischem und Extravagantem entdeckt. Das Resultat steht stellvertretend für die gesamte Long Street, die nur so vor originellen Geschäften südafrikanischer Modemacher, schicken Restaurants und angesagten Backpacker-Unterkünften strotzt. Auf ihr scheint die ganze Regenbogennation unterwegs zu sein – alle Hautfarben, alle Frisur- und Kleidungsstile, alle sozialen Schichten sind vertreten.

FÜR DEN ENGLISCHEN WELTUMSEGLER SIR FRANCIS DRAKE WAR DIES „DAS SCHÖNSTE KAP DES ERDKREISES".

EXISTENZIELLE FRAGEN

Ethnisch weit weniger bunt geht es in Richtung Kap-Halbinsel zu. Städtchen wie Clifton und Camps Bay sind längst zu Vororten von Kapstadt geworden. Wer hier ein Häuschen besitzt, der hat wahrscheinlich helle Haut, keine Geldprobleme und steht täglich vor der schwierigen Entscheidung, an welchen Strand er gehen soll: zum Sonnenbaden an den von bunten Holzhäuschen gesäumten Strand von Muizenberg, zum

Einsam steht und wacht: der Leuchtturm
am Kap der Guten Hoffnung

Frischer Fisch frisch auf den Tisch:
in Fish Hoek auf der Kap-Halbinsel

Surfers Paradise am Strand von Muizenberg: Die – heute bunt bemalten – Badehäuschen stammen aus viktorianisch-prüderen Tagen, da Mann (und Frau) sich keine Blöße(n) geben wollten.

Fast könnte man meinen, die Pinguine seien in ein reges Zwiegespräch vertieft: am Boulders Beach bei Simon's Town auf der Kap-Halbinsel.

Surfen in die schwere Dünung vor den Misty Cliffs oder für ein Tête-à-Tête mit Pinguinen an den imposanten Boulder Beach in Simon's Town? Abends folgt dann die obligatorische Feier des (All-) Tags in einer der schicken Lounges.

AM KAP DER STÜRME

Als der Portugiese Bartholomeu Diaz im Jahr 1488 als erster Europäer die äußerste Spitze der Halbinsel umrundete, erlebte er sie so windumtost, dass ihm kein anderer Name einfiel als „Kap der Stürme". Der portugiesische König Johann II. soll die Halbinsel dann in Kap der Guten Hoffnung umgetauft haben, weil es freundlicher klang. Der Wind pfeift auch ein halbes Jahrtausend nach der Erstumseglung ziemlich stramm um die karge Landspitze und ihren einsamen Leuchtturm. Wie ein so ungemütliches Ambiente die sogenannte Kapflora, das kleinste und zugleich artenvielfältigste der sechs Florenreiche der Erde, hervorbringen konnte, bleibt ein Rätsel. Und doch: Ungezählte salz-, wind- und sonnenresistente Pflanzen verwandeln den vielleicht unwirtlichsten Ort Südafrikas in ein Blütenmeer: Orchideen, Heidekraut, Iris und Narzissen strahlen in dem „fynbos" (Feinbusch) genannten Pflanzenkleid um die Wette.

DER WIND PFEIFT AUCH EIN HALBES JAHRTAUSEND NACH DER ERSTUMSEGLUNG ZIEMLICH HEFTIG UM DIE KARGE LANDSPITZE.

Augenfälligste Vertreterin ihrer Zunft ist die Riesen- oder Königsprotea, die äußerst widerstandsfähige, strahlend bunte Nationalblume Südafrikas (bekannt auch als Honigtopf). Diese enorme Artenvielfalt imponierte der UNESCO: 2004 ernannte sie die Kapflora zum Weltnaturerbe.

Jazz

KAPSTADT SWINGT

Mac Mckenzie sitzt in seinem schmucklosen Haus in der Township Bridgetown, öffnet eine Dose Black Label Bier, nimmt einen tiefen Zug und schlägt ein paar Akkorde auf seiner Gitarre. Klingt ein bisschen wie Samba, nur erdiger, „afrikanischer". Das also ist: Cape Jazz.

Südafrikas Jazz ist erdiger, besinnt sich seiner afrikanischen Wurzeln.

Ein Nachbar steckt den Kopf durchs offene Fenster und fällt aufs Fensterbrett trommelnd ein. „Goema, Goema" singen die beiden. Das ist der Refrain eines der größten Hits von Mac Mckenzies Kultband The Goema Captains of Cape Town. Andere Musiker schauen vorbei, jammen ein bisschen mit und gehen wieder. In den Pausen erzählt Mac von seinem Vater, Mister Mac, dem berühmten Karnevals-Captain in den 1950er-Jahren. Was die Bands damals spielten, hat Mac Junior in den 1980er-Jahren revitalisiert und verjazzt: eben zu Goema – jener Musik, die auch beim Coon Carneval am 2. Januar auf den Straßen Kapstadts jeden zum Tanzen bringt. Mac Mckenzie ist eine der Größen der Kapstädter Jazzszene. Deren Musiker live erleben zu können ist Teil der Cape Town Jazz Safari. Einer Reise in das Herz des Jazz.

Begonnen hatte sie im Distrix Café am Rand des ehemaligen District Six mit einer Reverenz an den Kapstädter Jazz-Pianisten Dollar Brand, der sich heute Abdullah Ibrahim nennt und 1974 mit *Mannenberg* die Jazz-Hymne des Anti-Apartheid-Kampfes komponierte. Von dort zieht die Safari weiter nach Bridgetown zu Mac Mckenzie. Hier blicken wir tief in die nach wie vor existierende, nun finanziell bedingte Realität der Rassentrennung – aber auch in die atemberaubende musikalische Vitalität, die diese triste Siedlung allen Nöten zum Trotz ausstrahlt.

Das Genre Cape Jazz entwickelte sich in der von vielen kulturellen Einflüssen geprägten Hafenstadt bereits im 19. Jahrhundert und nahm Blues- wie Folkelemente auf. Zu einer zeitgemäßen musikalischen Sprache entwickelten ihn Musiker wie Dollar Brand

Kapstadts quicklebendige Musikszene ermöglicht den Besuchern und Besucherinnen eine „Reise ins Herz des Jazz".

und sein fantastischer Saxofonist Basil Coetzee. Von Anfang an begeisterte am Cape Jazz die enorme Improvisationsfreude der Musiker. Davon können sich auch Besucher des Cape Town International Jazz Festival Anfang April überzeugen. Viele südafrikanische Jazz-Talente präsentieren sich dann erstmals auf großer Bühne.

Endpunkt der Jazz-Safari ist eine Kneipe irgendwo in den Cape Town Flats, in der die nächste Musikergeneration ihre Kreativität und ihr Improvisationstalent sprühen lässt. Es ist heiß, stickig, laut und die Luft vibriert von den Sounds der Township.

Blue Note(s)

Cape Town International Jazz Festival: Ende März, Anfang April, Termine und Programm auf www.capetownjazzfest.com
Cape Town Jazz/Gospel-Safari: http://coffeebeansroutes.com, Dauer ca. 4 Stunden, Eintritt inkl. Imbiss und Getränke ca. 2000 Rand/Person
Jazz-Lokale: Urban Soul Café & Jazz Bar, 2 York Rd., Muizenberg, Tel. 66 5 98 17 09, www.facebook.com/Urbansouljazz, Live-Jazz ab 21.30 Uhr; The Blue Room, 103 Bree Street, Tel. 0871 53 52 44, https://theblueroomza.com, tgl. außer So., Live-Jazz und -Blues
Cape-Jazz-Compilation: Cape Jazz 3 – Goema, Mountain Records 2008

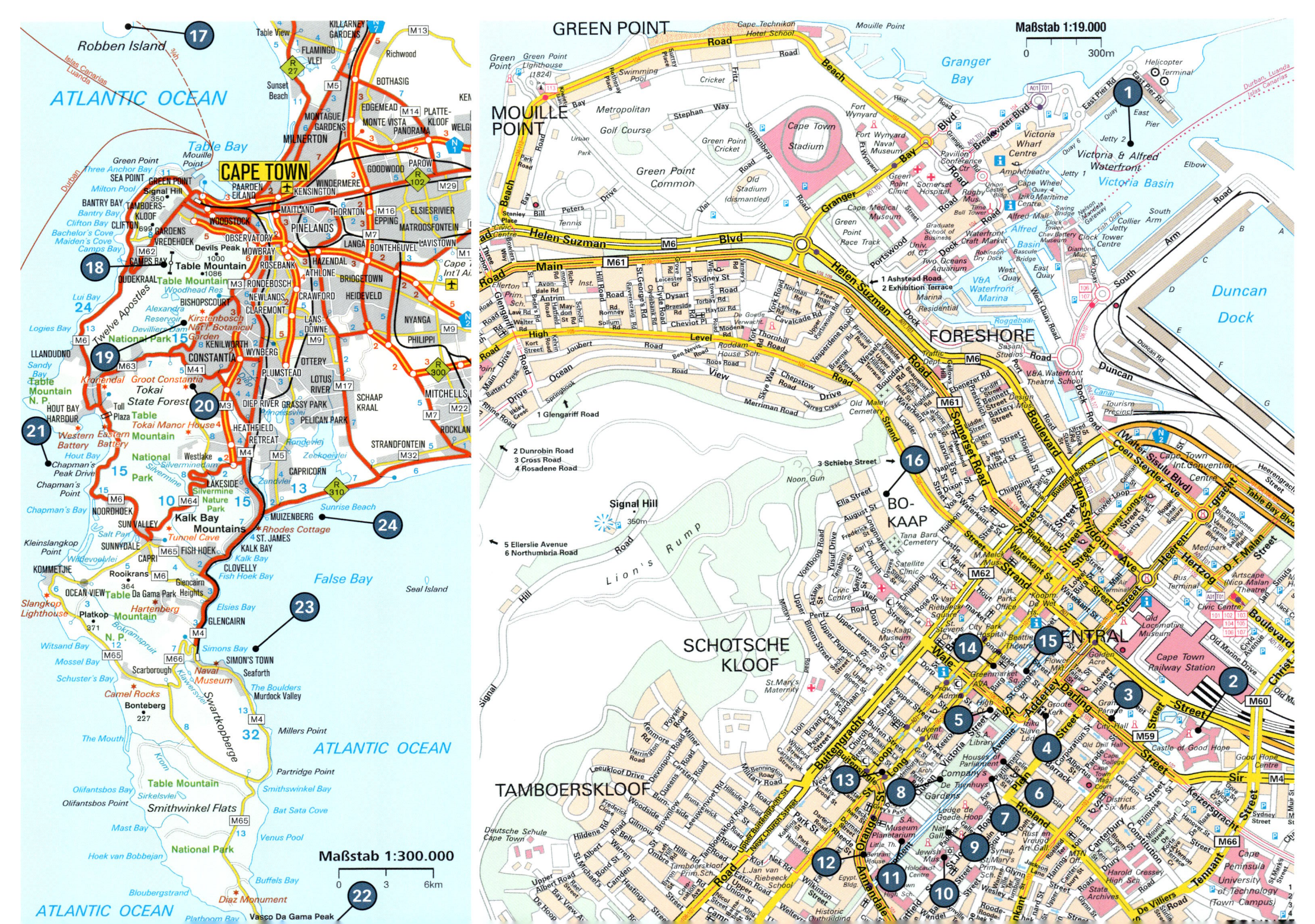

Robben Island
ATLANTIC OCEAN
Table Bay
CAPE TOWN
Table Mountain
False Bay
Kalk Bay Mountains
Swartkopberge
Maßstab 1:300.000
GREEN POINT
MOUILLE POINT
Granger Bay
Victoria & Alfred Waterfront
Victoria Basin
Duncan Dock
FORESHORE
BO-KAAP
Signal Hill
Lion's Rump
SCHOTSCHE KLOOF
TAMBOERSKLOOF
CENTRAL
Cape Town Stadium
Green Point Common
Cape Town Railway Station
Maßstab 1:19.000

THE MOTHER CITY – HIP UND TRADITIONELL

Der Tafelberg verleiht Kapstadt dramatische Panoramakulissen, in der zentralen City Bowl aber sind es eindeutig die Menschen, die die Metropole zur aufregendsten des südlichen Afrika machen.

GESCHICHTE
1503 betrat mit Antonio da Saldanha der erste Weiße das Land an der Tafelbucht, die sein portugiesischer Landsmann Bartolomeu Diaz 15 Jahre zuvor umschifft hatte. Erst 150 Jahre später, 1652, begann mit dem Holländer Jan van Riebeeck die Kolonisation; er errichtete einen Stützpunkt für die Holländisch-Ostindische Handelskompanie und damit die Keimzelle Kapstadts, das die Buren noch heute Mother City nennen. Die Ureinwohner, Nomaden von der Volksgruppe der San, wurden von den Niederländern als „bosjesmanne", Buschmänner, bezeichnet und vertrieben. Siedler aus ganz Europa folgten den Verheißungen des fruchtbaren und wildreichen Kaps. 1806–1910 war Kapstadt Verwaltungssitz der mittlerweile britischen Kolonie. Heute teilt es sich den Status als Hauptstadt mit Pretoria: Kapstadt ist Sitz des Parlaments, Pretoria Sitz der Regierung.

Kapstadt aus der Vogelperspektive betrachtet: Tafelberg und Lion's Head bestimmen das Stadtbild.

Tipp

Blick in zwei Ozeane

Eine der spannendsten Attraktionen der 1 **Waterfront** ist das **Two Oceans Aquarium:** In riesigen Becken stellt es die Unterwasser-Lebensräume des Atlantiks und des Indischen Ozeans vor. Großen Wert legt die – auch kindgerechte – Präsentation auf den Umweltschutz. Und wirklich einmalig ist das Becken, das dem für den Atlantik charakteristischen Kelp Forest, dem Tangwald, gewidmet ist: Riesenalgen bilden einen Wald, in dem Fische Schutz und Nahrung finden.

www.aquarium.co.za
tgl. 9.30–18.00 Uhr

1 Victoria & Alfred Waterfront

Der Ausbau des Vergnügungs- und Shoppingviertels an den beiden im 19. Jh. angelegten Hafenbecken verwandelte Ende der 1980er-Jahre den heruntergekommenen Distrikt in einen Hotspot. Neben Hotels, Restaurants, Cafés und Kneipen mit Livemusik locken zahlreiche Läden Kapstädter wie Besucher am Tag und am Abend an die Waterfront. Der 1882 fertiggestellte **Clock Tower** ist heute augenfälliges Denkmal (die Spiegel in der 2. Etage gaben dem Hafenkapitän den Überblick). Den **Nobel Square** schmücken von Claudette Schreuders gestaltete Skulpturen der südafrikanischen Nobelpreisträger Albert Luthuli, Desmond Tutu, Frederik Willem de Klerk und Nelson Mandela. Zwei gut ausgebaute Joggingstrecken (2,2 und 5 km, Start an der Waterfront Tourismus Information beim Riesenrad **Cape Wheel**) bieten sportlichen Naturen die Möglichkeit, die V&A Waterfront im Laufschritt zu bestaunen.
Vom Nelson Mandela Gateway starten die Fähren zur 10 km entfernten Gefängnisinsel 17 **Robben Island** TOPZIEL, auf der Besucher in Bussen zu den Sehenswürdigkeiten gefahren werden. Ehemalige Insassen führen u. a. durch das Gefängnis, in dem Nelson Mandel ab 1964 18 Jahre eingesperrt war. Heute zählt Robben Island zum UNESCO-Welterbe (Fähren: wetterabhängig tgl. 9.00, 11.00, 13.00 und 15.00 Uhr ab Nelson Mandela Gateway, Dauer der Tour ca. 2,5 Std., www.robben-island.org.za). Eine 4-stündige Walking Tour führt über die Insel (nach Voranmeldung).

2 Castle of Good Hope

Der ab 1666 errichtete Festungsbau ist vor allem bei der Wachablösung sehenswert, die die Soldaten mit Marschtritt und Kanonenschüssen zelebrieren (Mo.–Fr. 10.00, 12.00 Uhr Wachwechsel; Mo.–Sa. 10.00, 12.00 Uhr Schüsse, Sa. auch 11.00 Uhr). Bei einer Führung kommen Besucher auch in nicht frei zugängliche Bereiche wie den Kerker. Die William Fehr Collection im Repräsentationstrakt zeigt historisches Mobiliar, Gemälde und Porzellan (Darling/Buitenkant Streets, tgl. 9.00–16.00 Uhr, www.castleofgoodhope.co.za).

3 – 16 City Bowl

Kapstadts Innenstadtbereich, die City Bowl, ist grob durch die **Strand Street** im Norden, die **Orange Street** im Süden sowie **Buitengracht** und **Plein Street** im Westen und Osten begrenzt. Während der Apartheid war die City Bowl ein weißes Wohngebiet; heute erleben Besucher hier das multikulturelle Flair Kapstadts am intensivsten. Ausgangspunkt für einen Bummel durch die Innenstadt ist die 3 **City Hall** schräg gegenüber dem Castle of Good Hope. Der 1905 im Neorenaissancestil errichtete Kolonialbau ist an seinem (dem Big Ben nachempfundenen) Uhrturm leicht zu erkennen und beherbergt heute einen Konzertsaal und eine Bibliothek. Hier hielt Nelson Mandela nach der Haftentlassung am 11. Februar 1990 seine erste öffentliche Rede. In der von Geschäften gesäumten, nach Süden verlaufenden Adderly Street zieht die 4 **Groote Kerk,** das im Kern aus dem 17. Jh. stammende Gotteshaus der niederländisch-reformierten Kirche, mit seiner klassizistischen Fassade die Aufmerksamkeit auf sich. Einige Schritte weiter erhebt sich die neugotische 5 **St. Georges Cathedral** der anglikanischen Gemeinde, in der Bischof Desmond Tutu 1989 den Begriff „The Rainbow People" prägte. Bei ihr beginnt die Government Avenue mit den wichtigsten Bauten Kapstadts, die als Fußgängerzone die Company's Gardens durchquert. Die Anfang 2022 durch ein Feuer schwer beschädigten 6 **Houses of Parliament** dienen seit Beginn des 19. Jh.s als Sitzungsort des Parlaments, während die Regierung in Pretoria sitzt. Im 7 **Tuynhuis** gleich daneben residiert der Präsident, wenn er am Kap weilt. Uralte Bäume beschatten die Spazierwege in den 8 **Company's Gardens,** die im 17. Jh. als Gemüsegärten angelegt wurden. Heute verbreitet der Rosengarten intensiven Duft, im Kräutergarten gedeihen einheimische Heilpflanzen, in Volieren zwitschern exotische Vögel. Weiter südwärts säumen mehrere 9–12 **Museen** den Park (siehe „Museen"). Anschließend geht es entweder durch den Park zurück oder auf der parallel verlaufenden Victoria Street zur 15 **St. George's Mall,** Kapstadts lebhafter Fußgängerzone, und weiter zum 14 **Green Market Square.** Der 1710 angelegte Marktplatz wird von historischen Häusern eingerahmt; wie das Old Mutual Building besitzen viele wunderbare Art-déco-Fassaden. Das zauberhafte Old Town House von 1755 zeigt sich stolz in kapholländischem Baustil. Straßencafés laden zur Pause, die vielen Kunsthandwerks- und Souvenirstände zu einem ausgiebigen Bummel. Niedrige, in kräftigen Farben bemalte Häuser säumen die leicht bergan führenden Straßen der ehemaligen Township 16 **Bo-Kaap** **TOPZIEL** zu Füßen des Signal Hill. Ab dem 18. Jh. siedelten sich hier Immigranten aus Südasien an. Dass die als Kap-Malaien bezeichneten Bewohner zu 90 % Muslime sind, ist Folge des 1950 in Kraft gesetzten Group Areas Act, mit dem Bo-Kaap zum Wohngebiet muslimischer Südafrikaner wurde. Unter den Bethäusern sticht die 1884 errichtete Boorhaanol-Moschee mit zweifarbigem Minarett ins Auge. Das attraktive Viertel steht zunehmend im Fokus von Immobilienspekulationen.

Tipp

Voller Souvenirs

Im Gegensatz zu den Shops an der benachbarten Waterfront sind im Watershed (neben Two Oceans Aquarium, Tel. 021 4 08 76 00, tgl. 10.00–20.00 Uhr, www.waterfront.co.za/area/watershed), einer aufgelassenen Lagerhalle, Stände von Kunsthandwerkern versammelt, die vom Fantasietier aus Glasperlen über bestickte Kissen bis zu Keramik die originellsten Dinge herstellen. Dass das Projekt sozial und nachhaltig arbeitet, sieht man auf den ersten Blick.

Trubel herrscht auf dem Green Market Square, wesentlich ruhiger geht es hingegen in den Kirstenbosch Botanical Gardens zu.

MUSEEN

Im 16 **Bo-Kaap-Museum,** einem im Stil des 19. Jh.s eingerichteten Haus, lernen Besucher die reiche Kultur der malaiischen Gemeinschaft kennen (71, Wale Str., Mo.–Sa. 9.00 bis 17.00 Uhr, www.iziko.org.za/museums/bo-kaap-museum). Mit dem 1 **Zeitz Museum of Contemporary Art Africa** (MOCAA) hat sich an der Waterfront das größte und wohl auch bedeutendste Museum für zeitgenössische afrikanische Kunst angesiedelt. In ehemaligen Hafensilos (und von einem Hotel gekrönt) zeigt der Manager Jochen Zeitz seine Kunstsammlung (Tel. 087 350 47 77, tgl. 10.00–18.00 Uhr, http://zeitzmocaa.museum). In der 9 **South African National Gallery** (Government Avenue, tgl. 9.00–17.00 Uhr, www.iziko.org.za) in den Company's Gardens hängen Werke südafrikanischer Künstler und Arbeiten bekannter niederländischer und französischer Maler. Den Fokus auf Geschichte, Archäologie und Naturkunde Südafrikas legen das 11 **South African Museum** (25 Queen Victoria Street, tgl. 9.00 bis 17.00 Uhr) und dessen Dependance 12 **Bertram House** (Hiddingh Campus, Orange Street, Do., Fr. 9.00–18.00 Uhr; beide: www.iziko.org.za), die mit faszinierenden Exponaten wie riesigen Wal- und Dinosaurierskeletten und einer Felsbildgalerie der San auch Kinder begeistern. Ein moderner Anbau der 1862 errichteten Synagoge beherbergt das 10 **Jewish Museum,** das die Geschichte und Kunst der jüdischen Gemeinden Südafrikas illustriert (88 Hatfield Road, So.–Do. 10.00–17.00, Fr. 10.00 bis 14.00 Uhr, www.sajewishmuseum.co.za).

RESTAURANTS

€ € **Miller's Thumb** (10B Kloof Nek Rd, Tamboerskloof, Tel. 021 4 24 38 38, https://millersthumb.co.za). Vor allem Fisch ist hochgelobt. Vieles wird im Cajun-Style zubereitet.
€ € € **The Pot Luck Club** (373–375 Albert Rd., Woodstock, Tel. 021 4 47 08 04, www.thepotluckclub.co.za). Speisen auf dem Silo der Biscuit Mill, wo feine Kreationen von Küchenchef Luke Dale-Roberts serviert werden.
€ € **Bo-Kaap Kombuis** (7 August Street, Tel. 021 4 22 54 46, Mo. geschl., www.bokaapkombuis.co.za). Traditionelle Kap-Malaien-Küche mit Blick auf Tafelberg und Bo-Kaap.

UNTERKÜNFTE

€ € **Rouge on Rose Boutique Hotel** (25 Rose Street, Bo-Kaap, https://rougeonrose.co.za/). Schicke Suiten mit Frühstück im Herzen von Bo-Kaap. Lunch und Dinner auf Vorbestellung.
€ € **The Grand Daddy** (38 Long Street, Tel. 021 2 07 88 88, www.granddaddy.co.za). Vier-Sterne-Haus mitten im Geschehen mit komfortablen Wohnwagen auf der Dachterrasse und konventionelleren Zimmern darunter.
€ € € **Old Foundry Hotel** (1 Sand Hill Road, Tel. 021 8 24 17 82, www.oldfoundryhotel.com). Historische Industriearchitektur bildet den Rahmen für dieses todschicke, zentral gelegene Haus im angesagten Green Point.

SHOPPING

Vom Edelsouvenirladen zum Innenausstatter mit Africana, vom hippen Jeans Store bis zu den als Geheimtipp gehandelten Modedesignern finden sich an der 13 **Long Street** Läden für jeden Geschmack und Geldbeutel. Schauen Sie bei **Merchants on Long Street** (34, Long Street, www.merchantsonlong.com) vorbei, die schicke Kleidung, Taschen, Schmuck und Accessoires made in Africa verkaufen. Traditionelle afrikanische Mode bekommen Sie bei **Meiga**

(92 Long Street, Tel. 074 5 39 31 23), ausgefallene Souvenirs bei **Tribal Trends** (72–74 Long Street).

VERANSTALTUNGEN

Anfang Jan. versetzt der **Cape Minstrel Carnival** die Stadt in Hochstimmung. Viele halten den **Two Oceans Marathon** im April für das schönste Lauf-Event auf der Welt. **Rocking the Daisies** (RTD) im Okt. ist das Festival für Rock, Hip-Hop-, Electro-, Indie- und Pop-Fans.

UMGEBUNG

Kein Kapstadt-Besuch ohne Fahrt auf den 18 **Tafelberg** TOPZIEL. Die moderne Seilbahn bringt die Passagiere schnell zum 1086 m hohen Plateau: In um die eigene Achse rotierenden Großkabinen genießen Sie unterwegs immer neue, fantastische Ausblicke auf Stadt und Küste. Oben angekommen, führt ein Rundweg zu mehreren Aussichtspunkten (Table Mountain Aeral Cableway, Kernzeit 8.30–17.00 Uhr, kein Betrieb bei starkem Wind oder schlechtem Wetter, www.tablemountain.net).
Die 19 **Kirstenbosch Botanical Gardens** bedecken ein 528 ha großes Gebiet an der Ostflanke des Tafelbergs. 36 ha sind als Garten gestaltet, der Löwenanteil ist mit Wäldern und Fynbos bewachsen. 1913 angelegt, widmete sich der Botanische Garten als erster weltweit ausschließlich heimischer Flora, die heute mit über 7000 Arten vertreten ist (8.00–18.00/19.00 Uhr). Einer der Höhepunkte im Kreislauf der Jahreszeiten ist die Proteenblüte (Mai–Okt.). Detaillierte Auflistung der jeweiligen Blütezeiten auf der Website www.sanbi.org/gardens/kirstenbosch. Der Abstecher nach 20 **Groot Constantia** zum ältesten Weingut Südafrikas lässt sich gut mit dem Besuch von Kirstenbosch und einer Fahrt um die Kaphalbinsel verbinden. Das 1699 erbaute und Ende des 18. Jh.s erweiterte Herrenhaus mit den geschwungenen Giebeln ist typisch für den kapholländischen Baustil. Das in ihm untergebrachte Museum zeigt Möbel, Gemälde und Porzellan des 18./19. Jh.s (Groot Constantia Rd., Museum Mo.–So. ab 9.00/10.00 Uhr, Weingut tgl. 10.00–17.00 Uhr, www.grootconstantia.co.za). Im angeschlossenen €€€ **Jonkershuis Restaurant** speist man vorzüglich.
Auch die Tour um die Kaphalbinsel zum legendären 22 **Kap der Guten Hoffnung** TOPZIEL wird wärmstens empfohlen. Zwischen Hout Bay und Noordhoek wurde der 21 **Chapman's Peak Drive** in schwindelerregender Höhe in den Fels gesprengt und erlaubt beste Blicke auf die Küstenlinie. Eine Stichstraße führt hinter dem bei Surfern beliebten Strand von Scarborough nach Süden zum Kap der Guten Hoffnung. Auf dem Rückweg wartet die 23 **Pinguinkolonie von Simon's Town,** während die bei den Kapstädtern beliebten Strände um 24 **Muizenberg** mit ihren bunten Strandhäuschen (140 km) zum Bad verführen.

INFORMATION

Cape Town Tourism, City Hall Visitor Experience Office, Darling Street, Tel. 0861 32 22 23; V&A Waterfront, Tel. 021 4 08 76 00, www.capetown.travel

TAUSEND AROMEN

Die südafrikanische Küche ist ebenso vielfältig wie die Völker der Regenbogennation. Nirgendwo sonst erlebt der Gast die Unterschiede und Besonderheiten südafrikanischer Kochkunst so direkt und intensiv wie beim Kochen und Essen mit Einheimischen. Zum Beispiel bei diesem Kochkurs in Bo-Kaap.

Es duftet nach allen Aromen des südafrikanischen Kochuniversums, nach Ingwer, Koriander, Kardamom, Zimt und Chili – ebenso bunt und anregend wie die in allen Farben des Regenbogens strahlenden Häuschen in Kapstadts Malaienviertel Bo-Kaap. Eine Stunde spazierten die Teilnehmer der Bo-Kaap Cooking Tour Experience durch das malerische historische Viertel, gut unterhalten und informiert durch Guide Joseph, aber auch gekitzelt durch die Aromen aus Restaurants und Cafés.

Am Ende der Kultur- und Kochtour landet die Gruppe dann endlich in der Küche eines typischen Bo-Kaap-Hauses. Welcome, begrüßt Hausherrin Zainie und verteilt flugs die Aufgaben. Die einen falten Teigtaschen, die andern schneiden Gemüse, und alle folgen aufmerksam den lässigen Gesten, mit

Cape Malay Curry (hier die vegetarische Version) brachten Immigranten ans Kap mit.

denen Zainie mit Gewürzen und Kräutern hantiert. Samosas werden geformt und Cape Malai Curry temperamentvoll, aber nicht zu scharf gewürzt. Während die Gerichte im Ofen ihrer Vollendung entgegenduften, serviert Zainie *faloodah,* ein typisches Getränk der Kap-Malaien aus mit Rosensirup aromatisierter Milch. Und erzählt von den Traditionen, nach denen kapmalaiische Familien bis heute leben. Dann ist es so weit. Und es schmeckt einfach himmlisch!

Bo-Kaap Cooking Tours veranstaltet Kochsafaris und andere Touren in Kapstadt in englischer Sprache. Nach dem Kochkurs erhalten die Teilnehmenden zur Erinnerung ein kleines Rezeptbuch und ihr spezielles Masala-Gewürz. Es empfiehlt sich, sich zeitig anzumelden, die Touren sind häufig ausgebucht.

Bo-Kaap Cooking Tours: 46, Rose Street, Tel. 074 130 81 24, www.bokaapcookingtour.co.za

Westküste & Kalahari

*

KARGE SCHÖNHEIT

*

Zwischen Kapstadt und dem Grenzfluss Oranje im Norden zeigt sich Südafrika von seiner eher spröden Seite: Die zerfurchte Küste geht in karges Hinterland über, dessen spärliche Vegetation es als Halbwüste ausweist. Wie hier Menschen zu überleben verstanden, davon erzählen die geheimnisvollen Felsbilder der San.

Im Kgalagadi Transfrontier National Park: Gewitterwolken über der Kalahariwüste

Stillleben an der Westküste

Die Kitesurfer am Strand von Langebaan wissen den Cape Doctor zu schätzen, einen Fallwind, der hauptsächlich im Sommer der Südhalbkugel aus Süden weht.

Der Atlantik bringt reiche Gaben, in diesem Fall fangfrische Langusten.

Atlantikfischer wie hier in Velddrif hängen ihren Fang zum Trocknen und Konservieren an langen Stangen auf.

Man braucht schon eine gute Kondition, um ein Mittagessen in dem Strandlokal „Die Strandloper“ in Langebaan zu überstehen. Wobei „Lokal“ in diesem Fall ein paar Holzbänke und -tische meint, die von Zeltbahnen überdacht werden. Die Speisekarte listet einen einzigen Posten auf: ein zehngängiges Menü aus allem, was die Fischer hier um Langebaan und Paternoster so aus dem Atlantik ziehen. Und das ist eine Menge: Muscheln, Sardinen, Snoeks (Hechtmakrelen), Bokkoms (eine Meeräschenart), Hummer ... Einzige Beilage ist Roosterkoek – das über dem Braai-Stand gegrillte Brot bringen die Gäste ebenso wie Wein oder Bier selbst mit; gegessen wird, unterstützt von einer Muschelschale, mit den Händen.

Die erstaunliche Vielfalt an Meeresgetier in diesem Küstenabschnitt ist dem nährstoffreichen Benguela-Strom zu verdanken, der an der Westküste nach Norden strebt. Die Fische wiederum ernähren nicht nur die Gäste des Strandloper, sondern auch die zahlreichen Vogelarten, die die unwirtlich scheinende Küste des Westkaps bevölkern.

Die Lagune von Langebaan ist Teil des West Coast National Park. Unter seinen rund 750 000 Vögeln sind Rosaflamingos, Pelikane, Fischadler, Regenpfeifer und Seidenreiher, im Hinterland suchen Gackeltrappen, Mohrenweihen und Kapbeutelmeisen Nahrung. Strandloper (Strandläufer) staksen zu Hunderten durch das Flachwasser und picken nach Würmern, während sich weiter draußen Windsurfer von dem aus Süd wehenden Cape Doctor übers Wasser jagen lassen. Die Lagune von Langebaan ist nicht nur Naturschutzgebiet, sie zählt auch zu den besten Spots für Wind- und Kitesurfer.

EIN VOLK STIRBT AUS

Strandloper nannten die ersten Siedler auch jenes seltsame Volk, auf das sie an den Küsten stießen. Die so bezeichneten Menschen waren feingliederig, hatten helle, fast rötliche Haut und hohe Wangenknochen – und sie lebten von dem,

Morgennebel über einem Tal in den Cederberg Mountains

In Höhlen wie unter Felsüberhängen der Cederberg Mountains hinterließen die San Felsmalereien. Bevorzugt dargestellt werden Menschen und Tiere – oft auch Jagdszenen. Typisch sind zudem Selbstdarstellungen von Schamanen. Zum Malen verwendete man Pflanzensäfte und Erdfarben; auch Tierblut wurde benutzt, um die Wirkung zu intensivieren.

Idyllisches Refugium in den Cederberg Mountains: Farm und Weingut Dwarsrivier

Bei Upington: Im ariden Nordwesten stürzt der Oranje, der Grenzfluss zwischen Südafrika und Namibia, über Granitfels in eine tiefe Schlucht.

In den Höhlen von Stadsaal in den Cederberg Mountains

Blühendes Namaqualand

Special

Blühendes Namaqualand

Das Städtchen Springbok badet im Frühjahr in einem Blütenmeer und wird dann zum Besuchermagneten. Die Bergwerksstadt Springbok liegt im Herzen des Namaqualandes und damit im Zentrum der Sukkulenten-Karoo, wie die Region im Nordwesten Südafrikas botanisch eingeordnet wird. Dass diese Halbwüste zu den Biodiversitäts-Hotspots der Erde zählt, ist auf den ersten Blick kaum zu begreifen. Das staubige, mit kargen Büschen und Köcherbäumen bestandene Land sieht nicht aus, als wurzelten hier 3500 Pflanzenarten. Und erst recht nicht, als würde es jemals eine andere Farbe annehmen können als monotones Graubraun. Doch dann kommt der Regen. Nur im Südwinter fällt überhaupt etwas Niederschlag und dann mit 200 bis 500 Millimetern ziemlich wenig. Doch den berühmten Namaqualand-Dassies und ihren vielen Artgenossen genügt dies bereits, um auszutreiben. Über Nacht verwandelt sich die Wüste in eine kunterbunte Farbpalette. Afrikanische Goldblumen und Kapkörbchen recken ihre orangefarbenen, roten, gelben Blüten der Sonne entgegen, Nektarvögel, Bienen und Schmetterlinge umschwirren den reich gedeckten Tisch. Auch Erdmännchen und Strauße profitieren vom Nahrungsangebot. Emsig wird gesammelt, denn das Wunder dauert nur kurz: Einen Monat später ist das Land schon wieder trocken und grau.

Ohne Regen kein Bogen – und keine Blüte

was sie während ihrer Wanderungen entlang der Küsten sammelten: gestrandete Wale oder Robben sowie eine Menge Schalentiere. Wie die *bosjesmanne* (Buschmänner) genannten San bedienten sich die Nama, zu denen die Strandloper gehörten, einer Sprache mit zahlreichen Klicklauten. Während die San durch die Savannen nomadisierten und mit Fallen und einfachsten Waffen Jagd auf das Wild machten, lebten die Nama als Viehzüchter mit ihren Schafherden in den arideren Regionen des nordwestlichen Südafrikas. Dem Druck der Kolonisation war dieses Volk ebenso wenig gewachsen wie die San. Viele starben an den eingeschleppten Pocken, andere wichen vor den Weißen in abgelegenere Regionen aus. Heute sind sie weitgehend aus Südafrika verschwunden, nur in dem Namen „Namaqualand" für die nordwestliche Provinz lebt die Erinnerung an die Nama weiter.

Hinzu kommen einige wenige Familien, die in der neu geschaffenen Richtersveld Cultural and Botanical Landscape an der Grenze zu Namibia das Halbnomadenleben ihrer Vorfahren führen, mit Viehherden und den aus Bastmatten errichteten transportablen Rundhütten. Dass die Nama mit ihrer nachhaltigen Weidewirtschaft durch das Richtersveld ziehen, brachte dem Schutz-

Köcherbäume im Augrabies Falls National Park. Die im südlichen Afrika endemische Pflanze, aus deren Ästen die Buschmänner Pfeilköcher herstellten, ist ein Überlebenskünstler: Das schwammartige Gewebe in Stamm und Ästen speichert Wasser, das den Baum durch die trockenen Monate rettet.

Kgalagadi Transfrontier Park: Auch Löwen ist manchmal zum Gähnen zumute, …

… erst recht angesichts der spitzen Hörner der Oryx-Antilopen, die ihnen Beute und Mahl verleiden.

gebiet im Jahr 2007 den Status eines UNESCO-Weltkulturerbes ein.

BIZARRE SKULPTUREN UND ROTE BÜSCHE

Über 2000 Meter hohe, aus Sandstein aufgebaute Gipfel fassen im Massiv der Cederberg Mountains eine Landschaft ein, in der das anarchische Kräftemessen von Wind, Sonne und Wasser die eigenartigsten Skulpturen hervorbrachte. Bögen, Steinkreuze, tiefe, wild gezackte Spalten bilden ein Wander- und Kletterrevier für Kenner und Könner, unter Überhängen und in Höhlen warten Felsbilder der Ureinwohner auf Entdecker. In dieser ebenso schönen wie unwirtlichen Landschaft wächst ein Busch, dessen Rinde rötlich gefärbt ist wie die Felsen ringsum. Die San zupften seine Blätter ab, zerstießen sie und trockneten sie in der Sonne. Das daraus aufgegossene Getränk war wohlschmeckend, besaß eine natürliche Süße und wirkte heilsam bei den verschiedensten Beschwerden. Im Jahr 1772 zeigten San dem schwedischen Botaniker Carl Peter Thunberg den Busch, den dieser in seinem Forschungsbericht *Prodromus Plantarum Capensium* akribisch beschrieb. Bis Rooibos, so der Name auf Afrikaans, kommerziell verwertet werden konnte, dauerte es weitere 130 Jahre. Dann kam ein russischer Teehändler auf den Geschmack und löste einen Rooibos-Boom aus, der zur Kultivierung dieser Pflanze führte. Die Farmer produzieren zwischen 12 000 und 18 000 Tonnen pro Jahr – fast ausschließlich in den Cederbergen.

DIE SCHWARZEN LÖWEN DER KALAHARI

Man sagt, sie seien aggressiver als ihre wohlgenährten Artgenossen aus den fruchtbareren Regionen Südafrikas: Die Kalahari-Löwen, deren Markenzeichen eine dunkle, nahezu schwarze Mähne ist, stehen nicht jeden Tag vor einem üppig gedeckten Gabentisch der Natur, denn sie leben in der Wüste. Ihre bevorzugte Nahrung, die Oryx-Antilope, ist mit pfeilspitzen Hörnern ausgestattet, vor der auch die Löwen großen Respekt haben. Gelingt eine Jagd nicht, kann es Tage dauern, bis sich die nächste Gelegenheit bietet. Dann vergessen die Löwen ihren Stolz und stillen den Hunger mit Kleinvieh – Stachelschweinen, Erdferkeln oder sogar Mäusen.

Kgalagadi ist der Name, den die San dieser faszinierenden Landschaft gaben. Der grenzübergreifende Kgalagadi-Nationalpark, den Südafrika sich mit Botswana teilt, gehört wohl zu den eindrucksvollsten Naturschutzgebieten des Landes. Vereinzelt stehende Kameldornbäume markieren den Verlauf unterirdischer Wasseradern. Webervögel flechten riesige, Heuballen ähnelnde Sammelnester in ihre Kronen, während darüber Schlangenadler ihre Kreise drehen. Erdmännchen, Tüpfelhyänen, Honigdachse, Geparde und Löffelhunde durchstreifen dieses Meer aus Sand, dessen Wellen zu nahezu parallel gestaffelten Dünen erstarrt sind. In den Tälern dazwischen äsen Antilopen und Springböcke an magerem Gras.

IN DEN TÄLERN ÄSEN ANTILOPEN UND SPRINGBÖCKE.

Am späten Nachmittag werden die Schatten der Dünen immer länger, die Täler verlieren sich im Schwarz, während die Sandrücken von der Sonne umschmeichelt in tiefem Rot erstrahlen. Dann ist es Zeit für den Sundowner, hoch oben auf dem Dünenrücken.

Die Kultur der San

DIE SUCHE NACH DER VERLORENEN ZEIT

Marginalisiert und durch Alkohol ihrem traditionellen Leben entfremdet, schienen die San den Bezug zu ihrer uralten Kultur gänzlich zu verlieren. Doch die Rückgabe von Land an San-Gemeinschaften und deren Einbindung in nachhaltige Tourismusprojekte in der Kalahari haben die traditionellen Strukturen wiederbelebt.

San demonstrieren ihre traditionelle Fertigkeit der Schmuckherstellung, bei der auch die Schalen von Straußeneiern verwendet werden (!Xaus Lodge, Kgalagadi-Nationalpark).

Normalerweise läuft !Xama im blauen Overall herum, so wie die meisten, die in Südafrika Farmarbeit verrichten. Für uns hat er sich aber in Schale geworfen – sprich: einen Lendenschurz aus weichem Leder angelegt, sein Stirnband aus Straußeneierperlen umgebunden und sich eine Kette aus Amuletten und Warzenschweinzähnen umgehängt. Er und sein Freund Gishay führen uns nun hinaus auf die Salzpfanne zu Füßen der !Xaus Lodge, um zu demonstrieren, wie die San jagen. Wir sind erst wenige Meter gelaufen, da betrachten die beiden aufmerksam den Boden, diskutieren, weisen mit den Händen in eine Richtung und machen uns mangels englischer Sprachkenntnisse verblüffend anschaulich vor, wer hier unterwegs war: ein Vogel Strauß.

In der afrikanischen Mythologie spielt der Strauß meist die Rolle des etwas überheblichen, recht dummen Tieres. Die San haben seine Verhaltensweisen über Generationen hinweg studiert und können sie geschickt nachahmen: Mühelos locken sie Straußenmütter von ihren Nestern weg, indem sie vorgeben, ein verirrtes Junges zu sein. Ist die Henne abgelenkt, werden die Eier geplündert. Diese gelten als Delikatesse und wichtiger Eiweißlieferant.

Hier aber ist das Nest des Laufvogels leer und schnell geht's weiter. Nebenher pflücken die beiden ein paar Grünpflanzen, mit denen man Zahnschmerzen betäuben kann. Sie erschrecken einen Skorpion unter seinem Stein, über dessen Flucht sie sich totlachen, und werden ganz ernst, als eine Herde Spießböcke majestätisch vorbeigaloppiert. Zum Schluss zeigen sie noch die Höhle eines Honigdachses und wie sie ihn herauslocken – indem sie Feuer legen.

Rund 10 000 San, so schätzt man, leben noch in Südafrika. Junge Menschen, die sich zu Guides ausbilden lassen, lernen ihre eigenen Traditionen, von denen sie das Leben in den Townships meilenweit entfernt hatte.

!Xaus ist ein südafrikanisches Modellprojekt. Die Lodge liegt im Kgalagadi-Nationalpark und auf Land, das der Staat einer Gemeinschaft der ‡Khomani-San zurückgegeben hat. Die Gruppe hat darauf eine Lodge gebaut und sie an ein Unternehmen verpachtet, das sie nachhaltig führt und den San damit Einkommen sichert. Zusätzlich wurde ein Museumsdorf errichtet, in dem die Gäste zusehen können, wie Kunsthandwerk entsteht, während erfahrene Jäger Gäste durch den Busch führen. Warum sie das im Folkloreoutfit tun? Nun, es ist einfach fotogener. !Xama und Gishay fühlen sich dadurch nicht beeinträchtigt.

KONFRONTATION MIT DER MODERNE

Die meisten der San leben unter ärmlichen, teils dramatischen Umständen in Südafrika. In der Konfrontation mit der Moderne hat sich die Identität dieses ältesten afrikanischen Volkes einfach aufgelöst. Sie hatten nichts entgegenzusetzen – nicht der Arbeitslosigkeit, nicht dem Alkohol, nicht Tuberkulose oder Aids. Dass überhaupt noch traditionelle Lebensformen überdauern konnten, gleicht einem Wunder.

Nun, da man die Bedrohung dieser Kultur wie ihre touristische Attraktivität erkannt hat, sprießen Projekte mit San-Gemeinschaften aus dem Boden. Eines davon ist !Khwa ttu – Lodge, Restaurant, Konferenzzentrum und Museumsdorf in einem. Klar: Hier wird eine jahrtausendealte Kultur vermarktet – aber hier werden auch junge San als Kultur- und Naturguides ausgebildet.

Bosjesmanne (Buschmann), der von den ersten Siedlern abschätzig gemeinte Name, blieb an ihnen hängen, bis sich der politisch korrektere Sammelbegriff „San" durchsetzte. Der aber genau genommen auch nicht stimmt: „San" nannten die Nama ihre Nachbarvölker; diese selbst nennen sich je nach Herkunftsregion !Kung, Ju'hoansi oder ‡Khomani. Spricht man über die Gemeinschaft aller Volksgruppen, verwenden die meisten letztlich doch wieder den alten Sammelbegriff: Buschmänner.

Auf einen Blick

Projekt der Universität zu Köln: https://tracking-in-caves.org/

!Xaus Lodge, www.xauslodge.co.za. Neben den Wildniswanderungen ist der nächtliche Sternenhimmel hier eine Sensation. Die Region gehört zu den Dark Sky Sanctuaries, den am wenigsten durch Streulicht verunreinigten Gebieten der Erde.
!Khwa ttu, www.khwattu.org. Interessant auch für Tagesbesucher: das Heritage Centre (tgl. 9.00–17.00 Uhr) sowie ein Restaurant mit südafrikanischen und San-Spezialitäten.

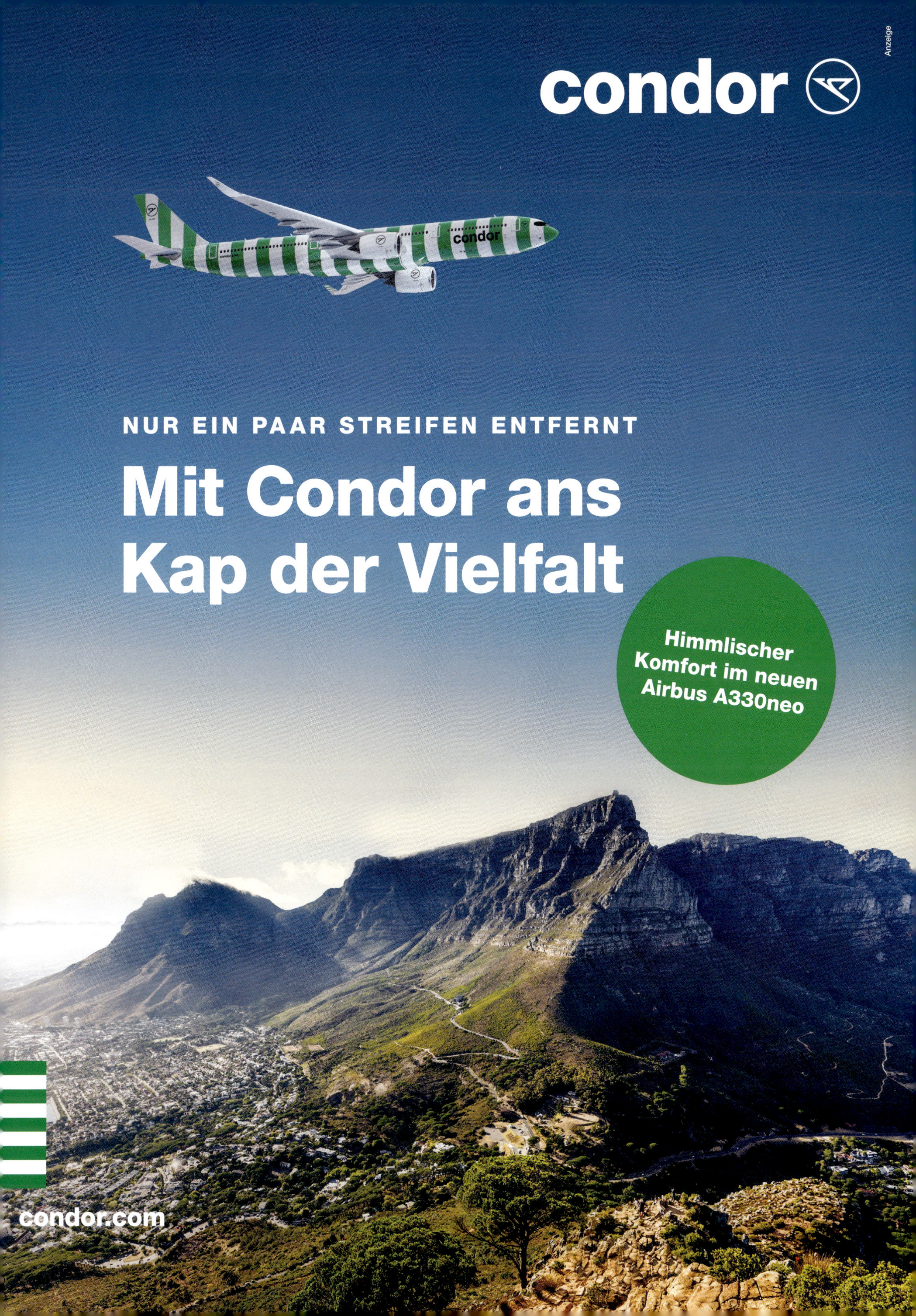
Anzeige
condor
NUR EIN PAAR STREIFEN ENTFERNT
Mit Condor ans
Kap der Vielfalt
Himmlischer
Komfort im neuen
Airbus A330neo
condor.com

NAMIBIA
BOTSWANA
Namaland
Betsjoeanaland
Namaqualand
Upper Karoo
Hoë Karoo
Great Karoo
Groot Karoo
Little Karoo
Klein Karoo
ATLANTIC OCEAN
Mariental
Rec.Res. and Game Park
Gochas
Akanous
Lendepas
Maltahöhe
Bossiesvlei
Tsarishoogte Pass
Tsarisberge
Schwarzrand
Gibeon
Witbooisvlei
Namgorab
Duwisib Castle
Asab
Mukurob (Fallen Rock Finger)
Brakpan
Twee Rivier
Nossob Camp
Kgalagadi Transfrontier Park
Eidsemub
Rooirand
Helmeringhausen
Brukkaros
Tses
Shirley
Mata Mata
Koës
Tirasberge
Berseba
Salt Pan
Quiver Tree Forest Kokerboomwoud
Bethanie
Keetmanshoop
Gariganus
Gross Aub
Twee Rivieren
Tshabong
Molopo N.R.
Aus
Schakalskuppe
Goageb
Old Fort
Seeheim
Aroab
Stone Rondavel
Rietfontein
Andriesvale
Aansluit
Van Zylsrus
Severn
Narubis
Schroffenstein
Huib-Hochplato
Rock Engravings Music Stones
Gawachab
Vredeshoop
Cramond
Ontmoeting
Sonstraal
Korannaberg
Hope
Holoog
Klein Karas
Groot Karasberge
Abiekwasputs
Noenieput
Witputz
Fish River Canyon
Gondwana Canyon Park
Grünau
Kanus
Karasburg
Nuwefontein
Hunsberge
Rosh Pinah
|Ai-|Ais
|Ai-|Ais/Richtersveld Transfrontier Park
Richtersveld
Nakop
Swartmodder
Olifantshoek
Sishen
Kathu
Dibeng
Haib
Hamab
Kums
Lutzputs
Augrabies Falls N.P.
Augrabies
Upington
Postmasburg
Langberg
Oranjemund
Alexanderbaai
Khubus
Richtersveld Cultural Landscape
Warmbad
Velloor
Augrabies Falls
Keimoes
Grootdrink
Alheit
Kakamas
Neilersdrif
+1h Greenwich Time
+2h Greenwich Time
Noordoewer
Vioolsdrif
Onseepkans
Goodhouse
Bladgrond
Kleinbegin
Groblershoop
Volop
Aggeneys
Pofadder
Putsonderwater
Aninaus Pass
Steinkopf
Port Nolloth
Namies
Kenhardt
Bossiekom
Westerberg
Niekerkshoop
Draghoender
Marydale
Nababeep
Okiep
Springbok
Geogap Nat. Res.
Kleinsee
Komagasberge
Mesklip
Burke's Pass
Gamoep
Granaatboskolk
Grootvloer
Verneuk Pan
Diemansputs
Copperton
Prieska
Namaqua Nat. P.
Zwartkop
Kamieskroon
Hondeklipbaai
Wallekraal
Kamiesberge
Platbakkies
Witwater
Van Wyksvlei
Brandvlei
Bushman Drawings
Vosburg
Garies
Kliprand
Rock Paintings
Rietese Vloer
Kareeberge
Groenriviersmond
Swartkolkvloer
Sakrivier
Tontelbos
Carnarvon
Kareebospoort
Pampoenpoort
Bitterfontein
Loeriesfontein
Nuwerus
Bokkeveldberge
Sterling
Nieuwoudtville
Hantamsberg
Calvinia
Williston
Lutzville
Vredendal
Vanrhynsdorp
Loxton
Victoria West
Bloukranspas
Strandfontein
Doringbaai
Klawer
Botterkloof
Middelpos
Fraserburg
Three Sisters
Graafwater
Clanwilliam
Die Bos
Tankwa-Karoo N.P.
Roggeveldberge
Lambert's Bay
Sandberg
Wuppertal
Tweefontein
Cederberg
Cederberg Wilderness Area
Nuweveldberge
Karoo N.P.
Moltenopas
Nelspoort
Elands Bay
St. Helena Bay
Sutherland
Rooikloof
Droërivier
Beaufort West
Het Kruis
Citrusdal
Swartruggens
Stompneuspunt
Eendekuil
Piekenaarskloof
Komsberge
Merweville
Paternoster
Velddrif
Sauer
Vredenburg
Saldanha
Saldanha Bay
Piketberg
Leeu-Gamka
Kruidfontein
Hopefield
Porterville
Langebaan
West Coast N.P.
Moorreesburg
Groot Winterhoek Wildern. Area
Hottentotskloof
Matjiesfontein
Koup
Prince Albert Road
Seekoegat
Witteberge
Darling
Riebeek Kasteel
Gouda
Tulbagh
Touwsrivier
Laingsburg
Swartberg N.R.
Prince Albert
Klaarstrom
Dasseneiland
Ceres
Malmesbury
Hermon
Wolseley
Hex River Pass
Matroosberg
Ladismith
Klein Swartberge
Groot Swartberge
Grootkraal
Cango Caves
De Doorns
Zoar
Calitzdorp
Oudtshoorn
De Rust
Melkbosstrand
Robben Island
Wellington
PAARL
WORCESTER
Burgers Pass
Langeberge
Kammanassieberge
Uniondale
Durbanville
Nuy
Montagu
Outeniekwaberge
Noll
Avontuur
KAAPSTAD
CAPE TOWN
Parow
BELLVILLE
Limietberg N.R.
Robertson
Kogmanskloof
Ashton
Van Wyksdorp
Robinson Pass
Herold
Huguenot Memorial
Table Mtn
Stellenbosch
Greyton
Swellendam
Barrydale
Lemoenshoek
Langberg
Ruitersbos
GEORGE
Sedgefield
Knysna
Garden Route
Maßstab 1:3.800.000
0
60km
1
2
3
4
5
6
7
8

IN DEN WEITEN VON KAROO UND KALAHARI

Großartige karge Naturlandschaften prägen die dünn besiedelte Provinz Northern Cape, in der sich Reisende weitab der Zivilisation fühlen. Lange Fahrstrecken durch die Halbwüste der Karoo und der Kalahari sind zu bewältigen, um Naturwunder wie Augrabies Falls oder den Kgalagadi-Nationalpark zu erreichen.

1 Langebaan

Der lebhafte Ferienort ist eine beliebte Sommerfrische und Ausgangspunkt für den Besuch des West Coast National Park. Hotels, Ferienwohnungen und Campingplätze säumen die tief ins Land greifende Lagune. Eine Vielzahl von Wasservögeln, zu der sich im Sommer auch Zugvögel gesellen, bevölkert die Lagune und ihre sumpfigen Ufer.

ERLEBEN
Wind- und Kitesurfen, Kajakfahren, SUP – auf der Lagune werden alle Arten von Wassersport betrieben. Das Cape Sports Center (98 Main Road, Langebaan, https://capesports.co.za) verleiht Ausrüstung und bietet Kurse an. Exkursionen mit Seekajaks kann man auch in Paternoster, 45 km weiter nördlich, unternehmen und dabei mit Walen und Seehunden paddeln (Kayak Paternoster, Tel. 083 79 54 198, über Facebook). Paternoster Horse Trails (Swartrug, www.paternosterhorsetrails.co.za) nahe Paternoster organisiert Ausritte und Wochenendausflüge – für Anfänger wie erfahrene Reiter. Hochseefischen oder Angeln in der Lagune veranstaltet Langebaan Fishing Charters (3 Aintree Road, https://langebaanfishing.co.za).

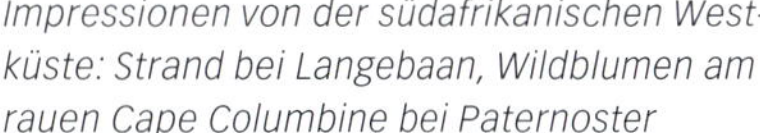

Impressionen von der südafrikanischen Westküste: Strand bei Langebaan, Wildblumen am rauen Cape Columbine bei Paternoster

RESTAURANTS & UNTERKÜNFTE
€ € Die Strandloper (Langebaan, Tel. 022 7 72 20 62, https://strandloper.com). Schlemmen am Strand, 10 Gänge Fisch und gute Laune. **€ € The Farmhouse** (5 Egret Street, Langebaan, Tel. 022 7 72 20 62, www.thefarmhousehotel.com). Das etwas oberhalb gelegene Herrenhaus im kapholländischen Stil ist eine romantische Unterkunft mit exzellentem Restaurant. **€ € € Voorstrandt Restaurant** (Strandloper Street, Paternoster, Tel. 022 752 20 38, www.voorstrandt.com). Gehobene Küche im Strandhaus mit hübscher Veranda. **€ € € Paternoster Dunes Boutique Guesthouse** (18 Sonkwas Street, Tel. 022 7 52 22 17, www.paternosterdunes.co.za). Fünf elegante Zimmer direkt am Strand.

INFORMATION
Langebaan Information Centre
Marra Square, Bree St, Langebaan
Tel. 022 7 72 15 15
www.west-coast-info.co.za

Tipp

Die Sterne über Afrika

Das 1450 m hoch gelegene Karoo-Städtchen Sutherland gilt als einer der kältesten Plätze Südafrikas – und als Ort mit dem klarsten und dunkelsten Nachthimmel. Deshalb steht etwas außerhalb und knapp 400 m höher ein Observatorium mit dem größten optischen Einzelteleskop der südlichen Hemisphäre. Bei Tages- und (wesentlich spannenderen) Nachttouren erfahren Besucher, welche Arbeit hier geleistet wird, und dürfen durch eigens dafür aufgestellte Teleskope selbst den Himmel erforschen. Telefonische Anmeldung erforderlich.

SAAO, Tel. 023 5 71 24 36
www.saao.ac.za

2 West Coast National Park

Kerngebiete des Nationalparks sind die Lagune von Langebaan sowie die fünf der Saldanha Bay vorgelagerten Inseln, auf denen über 250 000 Seevögel nisten und Robben und Pinguine leben. Auch die Salzsümpfe rund um die Lagune ziehen zahllose Vögel an. Im Lauf der Jahre wurde das Schutzgebiet landeinwärts ausgeweitet, wo die artenreiche Fynbos-Vegetation im August/September die Landschaft mit bunten Blumenteppichen überzieht. Die beste Zeit für die Vogelbeobachtung ist der frühe Morgen, bevor die Flut in die Lagune drängt. Vom Unterstand Geelbek Hide am tiefsten Punkt der Lagune lassen sich dann Tausende Vögel erspähen. Das Informationszentrum des Parks befindet sich ebenfalls hier. Unterkunft für Selbstversorger bieten mehrere Cottages (zu buchen über SANParks) sowie zwei Hausboote in der Lagune (www.kraalbaailhb.com).

INFORMATION
West Coast National Park
Tel. 022 7 72 21 44/45
www.sanparks.org

3 Cederberg Wilderness Area

Das 180 km landeinwärts gelegene Gebirge mit dem 2027 m hohen Sneeuberg erhebt sich als Landmarke über die weitgehend ebene Halbwüste. In den fruchtbaren Tälern wird Rooibos angebaut. Unter Naturschutz steht die knapp 800 km² große Cederberg Wilderness Area mit ihren seltenen Pflanzen und erodierten rötlichen Sandsteinfelsen. Ausgangspunkt für Wanderungen ist die Algeria Forest Station, wo Ranger Permits ausstellen, Karten verkaufen und Besucher im Camp übernachten können.

INFORMATION
Cederberg Wilderness Area, CapeNature
Tel. 087 08 78 250, www.capenature.co.za

4 Namaqualand

Namensgeber dieses ariden Landstrichs zwischen Lambert's Bay und dem Oranje sind die Nama. Die früher im ganzen Westkap beheimateten Viehzüchter führten in der kargen Steppe mit ihren Herden ein halbnomadisches Leben. Vor der Zuwanderung von Völkern aus Zentralafrika wie später der weißen Siedler wichen die Nama in immer unwirtlichere Regionen aus. Nur noch 50 000 Nama leben heute in Südafrika. Berühmt ist die Region für die **Wildblumenblüte** im August und September (Hotline-Tel. 079 2 94 72 60, im Aug./Sept.).

SPRINGBOK
Mitte des 19. Jh.s eröffneten weiße Einwanderer eine Kupfermine und gründeten kurz darauf das Städtchen **Springbok**. Aber schon lange vor den Weißen hatten die San auf ihren Streifzügen in der Region Kupfererz geschürft und auf einfachste Art verhüttet.
Heute ist Springbok der Hauptort des Namaqualandes und vor allem Versorgungsposten für die Minen in der Umgebung und die Diamantenschürfer, die im Sperrgebiet an der Küste für die Richtersveld Mining Company nach den wertvollen Steinen suchen.

UNTERKUNFT
Springbok besitzt mehrere Gästehäuser. **€ € Annie's Cottage Guesthouse** ist eine romantische Unterkunft mit Veranda und hübschen Zimmern (4, King Street, Springbok, Tel. 027 7 12 14 51, www.anniescottage.co.za).

INFORMATION
Namakwa Tourism Information
Van Riebeeck Street, Tel. 027 7 12 80 00
www.namakwa-dm.gov.za,
www.experiencenortherncape.com

Tipp

UNESCO-Weltnaturerbe

In der rund 160 km² großen gebirgigen **5 Richtersveld Cultural and Botanical Landscape** im Nordwesten des heutigen Namaqualandes praktizieren einige Nama-Familien nach wie vor Wanderweidewirtschaft, ziehen also mit ihren Schafen und Eseln zwischen höher gelegenen Regionen und der Halbwüste des Richtersveld hin und her. Charakteristische Unterstände der Hirten sind aus Bastmatten errichtete Hütten. Das Tourist Center in Eksteenfontein vermittelt Führer, die Besucher durch die harsche Landschaft begleiten.

www.richtersveldwhs.org
Kontakt: Eksteenfontein Info Centre, Tel. 027 8 51 71 08, oder Richtersveld Tours, www.richtersveldtours.co.za

BERÜHMT IST DAS NAMAQUALAND FÜR DIE WILDBLUMENBLÜTE, DIE ES IM FRÜHJAHR MIT EINEM FARBENMEER ÜBERZIEHT.

6 Augrabies Falls National Park

Hauptattraktion des **Augrabies Falls National Park** TOPZIEL sind die Wasserfälle des Oranje River, der auf einer Breite von 150 m in mehreren Wasserarmen und Kaskaden 56 m tief stürzt. Nur einige Köcherbäume und andere trockenheitsresistente Pflanzenarten überleben in der Halbwüste; auch die Tierwelt ist angepasst. Wanderwege führen zu geologischen Besonderheiten wie dem Moon Rock (s. Ja natürlich!, S. 53) oder dem Echo Corner, wo das Echo vier Sekunden lang zwischen den Felsen hin- und herspringt. Die 18 km lange Schlucht des Oranje unterhalb der Fälle kann man im dreitägigen Klipspringer Hiking Trail durchwandern (Anmeldung erforderl.). Unterkunft findet man auf dem Zeltplatz oder in den Chalets des zentral gelegenen Camps (Reservierung und Anmeldung für den Trail über SANParks, Tel. 054 4 52 92 00, www.sanparks.org).

UNTERKUNFT
Wer Wert auf größeren Komfort und exzellentes Essen legt, sollte in der nur 4 km entfernten **€ € Dundi Lodge** einkehren (Augrabies Falls, Tel. 054 4 51 92 00, www.dundilodge.co.za). Zur Lodge gehört ein privates Wildschutzgebiet mit großem Tierbestand.

INFORMATION
Augrabies Falls National Park, The Warden
Tel. 054 4 52 92 00
www.sanparks.org/parks/augrabies

7 Kgalagadi Transfrontier Park

Der 36 000 km² groß **Kgalagadi Transfrontier Park** TOPZIEL wurde durch Zusammenlegung des botswanischen Gemsbok National Park und des Kalahari Gemsbok National Park in Südafrika geschaffen. Zwei Trockenflüsse, Auob und Nossob, durchqueren den Park von Nordwest nach Südost und bilden die Hauptadern. Einzigartig sind Landschaft wie Tierwelt der **Kalahari.** Deren Dünen zeigen sich weitgehend vegetationslos, während in den Dünentälern verschiedene Gräser wachsen. Charakteristisch sind auch die Salzpfannen, zu denen das Wild zur Salzlecke kommt. Giraffen, Oryx-Antilopen wie auch Springböcke ziehen durch diese scheinbare Einöde, die doch erstaunlich große Herden ernährt. Typische Bewohner sind schwarzmähnige Löwen, Erdmännchen, Straußen und Schlangenadler. Innerhalb des Parks befindet sich die den San überlassene **‡Khomani Cultural Landscape,** heute UNESCO-Weltkulturerbe.

ERLEBEN
Für Fahrten durch den Nationalpark ist ein geländegängiges Fahrzeug nötig. Die beiden Hauptpisten verlaufen in den Trockenbetten von Nossob und Auob, Nebenpisten

Mit Weitblick: Erdmännchen bei der Ausschau nach Feinden – mit Durchblick: Wanderer am Wolfberg Arch in den Cederbergen

erschließen interessante Randbereiche. Die besten Zeiten zur Wildbeobachtung sind der frühe Morgen und der späte Nachmittag/frühe Abend. Einige Camps bieten auch geführte Pirschfahrten und Wildniswanderungen an. Nach (sehr seltenen) Regenfällen können die Wege unpassierbar sein.

CAMPS UND LODGES
Das Hauptzugangstor befindet sich an der Südspitze des Nationalparks bei Twee Rivieren. Unterkünfte sind u. a. die drei Hauptcamps **Mata Mata**, **Twee Rivieren** und **Nossob** mit Zeltplätzen sowie Chalets. Jedes Camp verfügt über Tankstelle, Laden und Pool. Mehrere Wildniscamps stehen an landschaftlich besonders reizvollen Stellen. Ebenfalls im Park befindet sich die von einer San-Gemeinschaft gemanagte **!Xaus Lodge** (s. S. 48).

INFORMATION
Park Office, Twee Rivieren, Tel. 054 5 61 20 05
www.peaceparks.org, www.sanparks.org

8 Upington

Als Ausgangspunkt für Touren in den Kgalagadi National Park, aber auch für den Besuch des nördlichsten Weinanbaugebietes Südafrikas lohnt Upington (70 000 Ew.) am Oranje einen Besuch. In der kargen Kalaharilandschaft wirkt die von Wein-, Obst- und Palmengärten umgebene Stadt wie eine Oase. Mittels geschickter Bewässerungssysteme schufen bereits die ersten Siedler um die 1871 gegründete Missionsstation blühende Landschaften.
Das **Kalahari Oranje Museum** in dem historischen Bau der Mission dokumentiert die Geschichte des Ortes (4, Schroder Street, Mo.–Fr. 9.00–17.00 Uhr). Eine Weinprobe in den **Orange River Wine Cellars** ist ganzjährig möglich (Tel. 054 4 95 00 40, http://orangeriverwines.com).

WONDERWERK CAVE
Die rund 300 km lange Strecke von Upington zu der bedeutenden archäologischen Stätte auf der Farm Wonderwerk führen die majestätische Schönheit, aber auch die Einsamkeit der Region eindrücklich vor Augen. In der Höhle führen Spuren menschlichen Lebens 1 Mio. Jahre zurück. Die Felsbilder der San sind Zeugnisse der jüngsten Generation, die vor etwa 1000 Jahren die Höhle bewohnte (**Wonderwerk Cave and Site Museum,** R 31 zwischen Kuruman und Daniëlskuil, Mo.–Fr. 8.00 bis 17.00 Uhr, www.wonderwerkcave.com).

UNTERKUNFT
Stilvoll übernachtet man in der idyllisch am Fluss gelegenen **€ € Le Must River Residence** (14 Budler Street, Tel. 054 4 32 39 71, www.lemustupington.com).

INFORMATION
Tourist Info, Market/Mutual Street (Bücherei hinter der Stadtverwaltung), 8800 Upington
Tel. 054 3 37 28 04

ORT DES TOSENDEN LÄRMS

Die meditativen Landschaftstableaus des Augrabies Falls National Park und Begegnungen mit putzigen, an Meerschweinchen erinnernden Klippschliefern machen die 5 km lange Wildniswanderung auf dem Dassie Interpretive Trail zu einem besonderen Naturerlebnis. Wichtig dabei: Sonnenschutz, stabiles Schuhwerk und Trittsicherheit!

Vom Rest Camp führt der Trail zunächst nach Westen und an den Oranje, wo sich vom Arrow Point ein imposanter Blick in die Schlucht des Flusses und auf die Twin Falls eröffnet. Den früheren Verlauf des Oranje markieren ein Stück weiter gen Süden die Potholes. Die nun trocken liegenden Strudellöcher im Fels wirken wie Fußspuren von Riesendinosauriern.

Wie ein Walbuckel erhebt sich der Moon Rock über die Felsenlandschaft. Die Granitkuppe ist ein typisches Beispiel für die Verwitterungsform der Exfoliation, bei der die äußeren Gesteinsschichten wie eine Schale abgesprengt werden. In den dadurch entstehenden Klüften verstecken sich häufig *rock dassies,* Klippschliefer.

Die Nama und San nannten die Wasserfälle „Aukoerebis" – Ort des tosenden Lärms.

Vom Moon Rock strebt der Wanderweg wieder nach Osten auf das Camp zu. Shepherd's Trees, Namaqua-Feigen und Köcherbäume bilden vielerorts die einzige Vegetation. Mit Glück begegnet man Oryx-Antilopen oder sogar den seltenen Hartmann-Bergzebras.

Wanderung

Je nach Tempo und Pausen ist der Weg in 1,5–3 Std. zu bewältigen. Eine Broschüre mit Wegbeschreibung ist beim Infozentrum im Camp erhältlich (www.sanparks.org/parks/augrabies).

Wegen der großen Hitze sollte man möglichst früh aufbrechen und Trinkwasser nicht vergessen! Ein PDF mit Informationen zum Trail gibt es über: www.sanparks.org/parks/augrabies/tourism/dassie_trail_brochure_sandy.pdf

Garden Route

WALE UND EINE GROSSE LIEBE

Die Garden Route gehört zu den berühmtesten und schönsten Autostrecken der Welt mit tief eingeschnittenen Buchten, Wäldern und Ferienstädtchen. Zwischen Port Elizabeth und Mossel Bay erleben Besucher so von der üppigen Küstenvegetation bis zur ariden Kleinen Karoo Südafrikas ganze Landschaftsvielfalt auf kleinstem Raum.

Vorbei an dichter Urwaldvegetation und über tosende Flüsse wie den Storms River erschließen Wanderwege den faszinierenden Garden Route National Park am Indischen Ozean.

Port Elizabeth (Gqeberha): Blick von der City Hall auf Rathausplatz und Baakens Street

Die hier warten noch auf ihr Rennen.

Auch zum Staubwedeln gut: (eingefärbte) Straußenfedern,
die in Oudtshoorn feilgeboten werden.

Durch die Blume gesehen: das ehemalige Herrenhaus im 1624 gegründeten Weingut Zorgvliet. Auf 30 Hektar wird hier Wein angebaut.

»ICH GLAUBE FEST DARAN, DASS SÜDAFRIKA DER SCHÖNSTE ORT AUF ERDEN IST.«

Nelson Mandela

Generalleutnant Rufane Donkin galt in Indien als zupackender Kolonialoffizier. Als seine Frau früh verstarb, ließ er sich 1820 in die Kapkolonie versetzen und wurde amtierender Gouverneur. Den aufstrebenden Hafen Algoa Bay benannte er in Erinnerung an seine Ehefrau in Port Elizabeth um. Im Ortszentrum legte er einen Park an und errichtete der Geliebten darin ein Denkmal in Form einer Pyramide. Käme er heute zurück, Donkin würde Port Elizabeth nicht wiedererkennen: In der Millionenmetropole, heute mit Namen Gqeberha, erdrücken die in den 1970er-Jahren errichteten Hochhäuser die wenigen verbliebenen Zeugnisse kolonialer Architektur, Autofabriken prägen die Peripherie. Doch am Market Square mit seinem schmucken Rathaus und rund um den kleinen Stadtpark Donkin Reserve ist die viktorianische Welt noch in Ordnung. Eigentliche Attraktion der Stadt sind aber die fantastischen Strände und der nahe Addo Elephant Park.

UNTER ELEFANTEN

Eine Zitrusfrucht nach Addo mitzunehmen, wäre ein unverzeihlicher Fehler. Elefanten sind nämlich geradezu verrückt danach. Schuld an dieser eigenwilligen Konditionierung ist eine beispiellose Vernichtungsjagd in den 1920er-Jahren: Im Auftrag des Staates hatte ein Major Pretorius innerhalb nur eines Jahres 114 Elefanten abgeschossen. Als man die Tiere im Jahr 1931 unter Schutz stellte und das Kerngebiet von Addo einzäunte, waren nur noch elf Dickhäuter übrig, und die waren maßlos aggressiv. Den Rangern gelang es, die Elefanten mit Lkw-Ladungen von Zitrusfrüchten friedlich zu stimmen. Heute ist der Bestand auf über 600 Tiere angewachsen – alle tragen sie angeblich die Leidenschaft für Orangen & Co. in ihren Genen.

Der drittgrößte Nationalpark Südafrikas setzt sich aus sechs Schutzgebieten zusammen, von Inseln und Stranddünen am Pazifik über den bis zu knapp 1000 Meter hohen Zuurberg-Gebirgszug bis zu den Ausläufern der Karoo im Norden. Er ist Heimat der verschiedensten Pflanzen- und Tiergesellschaften: Bergzebras, Erdwölfe und Bergriedböckchen streifen durch den Zuurberg, während im Sunday River Hippos beheimatet sind und an der Küste Kaptölpel, Pinguine und Robben Felsinseln und Gewässer bevölkern. Die Elefanten im Kerngebiet haben Gesellschaft von Büffeln, Spitzmaulnashörnern, Löwen und vielen anderen Wildtieren. Und im Norden, wo die semiaride Karoo in den Nationalpark übergreift, beginnt der Lebensraum von Erdmännchen und Straußen.

Kormorane bevölkern die Küstenabschnitte der Garden Route.

Abenddämmerung in der Nähe des Storm's River Mouth in der Tsitsikamma Section des Garden Route National Park

Beinahe wären die Elefanten im Gebiet des heutigen Addo Elephant Park ausgerottet worden – heute umfasst die hiesige Dickhäuter-Population wieder mehr als 600 Tiere.

Hat gut lächeln: Fisherman's Friend im Fisherman's Cottage in Hermanus

In der Bucht vor Knysna: Auch hier verspricht das Meer einen frischen Fang.

Special

Whale Watching

Meeresriesen unterwegs

Hermanus an der Walker Bay nennt sich gänzlich unbescheiden Walhauptstadt der Welt.

Jeden Winter zwischen Juni und November kommen Wale in die Bucht, um ihre Jungen zu gebären – damit beginnt auch die Saison für den „Whale Crier": Einen solchen Walrufer hat das hübsche Städtchen seit 1992. Die Hafenverwaltung setzte ihm einen lustigen Hut auf und drückte ihm ein aus Kelp und Seetang gearbeitetes Horn in die Hand, auf dem er je nach Sichtungsort einen Code blies (heute per Twitter). Den südafrikanischen Schriftsteller Zakes Mda inspirierte er zu seinem bewegenden Roman *Der Walrufer*.

Das literarische Alter Ego des Walrufers unterhält eine intensive Beziehung zu den Walen. Er behauptet, dass sie auf ihn hören, sogar nach seinen Tönen tanzen. Bei Hermanus' aktuellem Walrufer ist von einem solch innigen Verständnis nichts zu spüren, doch schmälert das die Intensität keineswegs, mit der Besucher die Begegnung mit Walen erleben. Von vielen Stellen an der zerklüfteten Küste sind die Riesen der Meere zu beobachten: Südliche Glattwale, Buckelwale oder Bartenwale schwimmen vorbei oder peitschen mit ihren Schwanzflossen das Meer. Nachts sind ihre Gesänge zu hören, unwirklich fast, betörend.

Intensives Erlebnis: Whale Watching

BRAUNE FLÜSSE

Zwischen George und Knysna an der Garden Route sind die Flüsse von rostigbrauner Farbe, als bestünden sie aus Öl. Doch keine Katastrophe, sondern Tamine und Eisenoxid im Quellgebiet sorgen für den dunklen Ton des Wassers. Die Farbstoffe gibt die Fynbos-Pflanzengesellschaft ab, die im Oberlauf der Flüsse mit kunterbunten Nadelkissen-Proteen und Erika die Hänge bedeckt. In wenigen Kilometern Abstand streben Kaaimans-, Douw- oder Goukamma River durch tief eingeschnittene Täler aus den Outeniqua-Bergen der Küste entgegen. Sieben Schluchten und Lagunen kreuzen auf den 68 Kilometern zwischen den beiden Städten die Straße. Noch vor 100 Jahren mussten die Menschen Tage und Wochen warten, bis der Wasserstand die Passage mit Ochsenwagen zuließ. Erst 1928 war mit Fertigstellung der Bahnstrecke das Hindernis behoben.

Ab dem Jahr 1992 verkehrte die berühmte Outeniqua-Linie nur noch als Museumszug – wegen seiner schnaufenden Dampflokomotive mit dem niedlichen Spitznamen „Choo-Tjoe" bedacht. 2006 unterbrach ein Erdrutsch die Strecke – erst 2016 fanden sich Investoren, die die Gleise wieder befahrbar machen wollten. Leider ist das auch bis Mitte 2024 nicht gelungen.

Wohin des Wegs? – Zur Jeffrey's Bay, einem der besten Surfspots des Landes.

Kapholländische Architektur und …

… Café mit prachtvollem kolonialzeitlichen Ambiente in Graaff-Reinet

Valley of Desolation bei Graaff-Reinet im Westen des im Jahr 1979 gegründeten Karoo Nature Reserve, das im Jahr 2005 als Nationalpark ausgewiesen und in Camdeboo National Park umbenannt wurde.

KEINE GÄRTEN AN DER ROUTE?

Die Bezeichnung „Garden Route“ leitet sich von dem milden mediterranen Klima mit reichlich Winterregen ab, das zwischen Port Elizabeth am Ostkap und Knysna im Westen für üppige Vegetation sorgt – etwa in der Tsitsikamma Section, deren bis zu 45 Meter hohe Gelbholz- und Fieberbäume von Lianen und Moosen umschlungen sind. In den Kronen nisten bunte Federhelmturakos und Prachtkuckucke, während Klippschliefer über Felsbrocken huschen und an der Küste Kormorane und Schwarze Austernfischer auf Jagd gehen.

Doch es gibt auch ganz andere Abschnitte an der Garden Route: Endlos erscheinende monotone Baumpflanzungen links und rechts der Straße, Eukalyptus und Kiefern in Reih und Glied, aufgereiht wie eine braun-grüne Armee. Das günstige Klima hilft auch der Land- und Forstwirtschaft: Bereits die Holländisch-Ostindische Kompanie holzte Ende des 18. Jahrhunderts die Wälder im Tsitsikamma-Gebiet großflächig ab. Um Transportkosten zu sparen, wurde 1809 Knysna als Ausfuhrhafen gegründet.

LAGUNEN, SURF UND ADRENALIN

Heute ist das reizende, aufgeräumte Städtchen an einer tief ins Land greifenden Lagune einer der beliebtesten Ferienorte an der Garden Route. Hotels, Ferienhäuser und Campingplätze, Shopping Malls und Restaurants säumen den türkisblauen Meeresarm, über den die Felsen der beiden Knysna Heads wachen. Während Knysna entspannt und gemütlich wirkt, präsentiert sich Plettenberg Bay, eine Bucht weiter ostwärts, mit weiten weißen Stränden, Boutiquehotels und schickem Zentrum als mondäner Badeort und Urlaubsziel für Betuchte. In Jeffrey's Bay weht der Spirit von Lässigkeit, zählt doch die Bucht zu den besten Surfspots des Landes. Mossel Bay am westlichen Ende der Garden Route profitiert ebenfalls eher von Individualisten und Adrenalinjunkies als vom Massentourismus. Hier werden Ausflüge zur Bloukrans Bridge organisiert, wo sich Wagemutige 200 Meter tief in einen der höchsten Bungee-Sprünge von einer Brücke stürzen können. Wem dies nicht Thrill genug ist, der taucht im Käfig ab, um Weißen Haien ganz nahe zu kommen. Abends gibt man seine Erlebnisse dann im „De Dekke“ zum Besten.

STRAUSSENLAND

Nördlich der Garden Route beginnt die Karoo, eine ebene Halbwüste, deren einzige Landmarken aus Zäunen bestehen. Links und rechts begleiten sie die Straßen, die scheinbar ins Nirgendwo führen, um schließlich doch an einem einsamen Farmtor oder einer Kleinstadt anzukommen. Die hiesigen Cowboys hüten allerdings Strauße. Etwa 350 000 Exemplare der Laufvögel werden in Südafrika gehalten. Galten lange die Federn als Geldbringer, ist es heute die Haut – Straußenleder zählt zu den teuersten und feinsten Sorten. Die Erträge sind allerdings nicht mit jenen zu vergleichen, die um die Wende vom 19. zum 20. Jahrhundert in und um Oudtshoorn, der Straußenhauptstadt der Karoo, verdient wurden. Die „Straußenbarone“ exportierten jährlich 450 000 Tonnen Federn, bis der Markt mit dem Ersten Weltkrieg zusammenbrach. Ein stolzes Zeugnis dieser Ära sind die Ostrich Palaces – in Oudtshoorn können Besucher in den alten Palästen sogar übernachten.

IN JEFFREY'S BAY WEHT DER SPIRIT VON LÄSSIGKEIT.

Weinland Südafrika

DIE BESTEN TROPFEN VOM KAP

Südafrikas Winzer sind im Aufbruch. Immer mehr Individualisten machen sich neben den Großkellereien einen Namen. Und immer mehr People of Color nehmen sich das Recht, ihr Know-how, das viele als unterbezahlte Farmarbeiter erworben haben, nun als verantwortliche Winemaker und Manager umzusetzen.

Auf dem heute staatlichen Weingut Groot Constantia werden Weine aus den Rebsorten Chardonnay, Riesling, Pinotage und Cabernet Sauvignon produziert.

Sobald die Winzerin von ihrem Beruf zu erzählen beginnt, wird klar, warum Ntsiki Biyela schon zum Winemaker des Jahres gekürt wurde. Bei so viel Leidenschaft, Begeisterung und Wissen möchte man ihr die Frage, ob sie sich als Quoten-Schwarze in der von Weißen und Männern dominierten Weinbranche Südafrikas fühle, gar nicht stellen. Ihre Position ist das Ergebnis harter Arbeit: Die Schule finanzierte sie mit Putzarbeiten, beim Studium in Stellenbosch half ein Stipendium der South African Airways; 2004 kam sie zum (weißen) Weingut „Stellekaya", wo sie bereits ein Jahr später zum Winemaker aufstieg. Ihr Cape Cross 2004 gewann bei den „Michelangelo Awards" eine Goldmedaille.

Den Pinotage, Südafrikas autochthone Rebe, vergleicht sie mit einem schlecht erzogenen Kind, das sich in den Vordergrund spielt. „Aber man darf ihn nicht lassen", fügt sie lachend hinzu. Nur dann wird der „Cape Cross", ein Cuvée aus Cabernet Sauvignon, Merlot und dem aufmüpfigen Pinotage, zu einem harmonischen Tropfen.

WEIN UND APARTHEID

Bis zum Ende der Apartheid waren die Rollen in Südafrikas Weinindustrie fest verteilt: hier die weißen Gutsbesitzer, dort die schwarzen Arbeiter. Dass sich auch Schwarze im Weinbau engagieren konnten, verhinderte die Landfrage: Das bedeutendste Weinbaugebiet, die Region um Stellenbosch, Paarl und Franshoek, war seit Jahrhunderten im Besitz weißer Winzer. 1659 erntete Jan van Riebeeck hier die ersten Trauben. Der Boom begann mit dem Ende der Apartheid 1994 und dem damit verbundenen Wegfall der Handelssanktionen. Wie viele Nicht-Weiße heute Wein keltern, weiß keine Statistik, an der Universität von Stellenbosch steigt ihr Anteil jedoch stetig.

DIE KLEINEN AUF DEM VORMARSCH

Südafrika produziert etwa 10 Mio. Hektoliter Wein im Jahr, 40 Prozent davon gehen in den Export. Traditionell keltern die Güter im Kerngebiet

Die Winzerin Ntsiki Biyela: Ursprünglich wollte die in KwaZulu Natal aufgewachsene Önologin Bauingenieurwesen studieren, doch dann bot man ihr ein Stipendium für Weinbau an der Universität Stellenbosch an. „Ich habe nicht gezögert und sofort zugesagt", erzählt die leidenschaftliche Weinmacherin, die bereits als Winzerin des Jahres ausgezeichnet wurde. Seit 2016 produziert sie in der eigenen Kellerei die Weine der Marke „Aslina".

Um Stellenbosch ziehen sich die Weinstöcke in kräftigem Grün

am Kap Rotweine aus den Rebsorten Cabernet Sauvignon, Shiraz, Merlot und Pinotage. Weiter nach Norden in den arideren Regionen von Westkap und Kleiner Karoo herrscht der Anbau von Weißweinreben wie Chenin Blanc, Sauvignon Blanc und Chardonnay vor.

Neben Großkellereien wie KWV (Paarl) oder Orange River Wine Cellars sind kleine Winzer auf dem Vormarsch. Einer von ihnen ist Neil Moorhouse, der auf dem Zorgvliet Estate bei Stellenbosch begann. Eine seiner ersten Aktionen bestand darin, den Weinkeller seiner Arbeitgeber mit modernster Technik aufzurüsten. Per Webcam und Internet überwachte Moorhouse seine Weine. Das Ergebnis prämierte Südafrikas Weinbibel „John Platter" regelmäßig mit mindestens vier Sternen. Heute führt Moorhouse The Wine Arc, einen Handel mit Weinen ausschließlich farbiger Winzer.

BLACK ECONOMIC EMPOWERMENT

Thandi Wines etablierte sich 2009 als erstes Agrarunternehmen im Rahmen des Black Economic Empowerment (BEE). Das sechs Jahre zuvor verabschiedete Programm zur Gleichstellung aller ethnischen Gruppen des Landes unterstützt und kontrolliert die Beteiligung bislang Unterprivilegierter in den Unternehmen. Thandi gehörte 250 Familien ehemaliger Farmarbeiter, die gemeinsam 55 Prozent der Anteile hielten. Trotz respektablen Erfolgs schloss es 2023 seine Tore – aber da waren längst andere dabei, den weißen Markt aufzumischen. Rüdger van Wyk etwa – als Winemaker auf Stark-Condé und ebenso im Doolhof Wine Estate bei Wellington puscht er deren Weine in die Top-Liga am Kap. Nebenher pflegt er sein eigenes, sehr elegantes Label, Kara-Tara. Angefangen hat er wie Ntsiki Biyela mit einem Stipendium in Stellenbosch.

In Khayelitsha aufwachsen und dann Winzer werden? Banele Vakele hat das dank Stipendien, großem Ehrgeiz und Fleiß geschafft. Zur Weinlese reiste er bis Burgund und Australien, um zu lernen. Groot Constantia war eine seiner Stationen. Heute zeigt er stolz sein beachtetes Label Tembela Wines, dessen Chenin Blanc 2021 Südafrikas Weinkenner aufhorchen ließ.

Weingüter und -handel

Aslina Wines, Somerset West, Tel. 021 8 08 1 63, www.aslinawines.co.za, keine Weinproben
The Wine Arc, Corner of Helshoogte Road & the R44, Stellenbosch, Tel. 087 2 65 89 77, https://thewinearc.co.za, tgl. 10–17 Uhr
Kara-Tara, Stark-Condé Winery, Oude Nektar Farm Jonkershoek Valley, Stellenbosch, Tel. 021 8 61 77 00, https://karatarawines.co.za, Verkostung nach Voranmeldung
Tembela Wines, www.instagram.com/tembelawines

Wenn es um das Südliche Afrika geht,
sind wir Ihre ERSTE WAHL!

LIFE IS ABOUT MOMENTS

Lernen Sie Ihren persönlichen Travel Designer noch heute kennen

Entdecken Sie das Herz Afrikas mit INTOSOL – Wo Abenteuer auf Luxus trifft.

CAPE TOWN
KAAPSTAD
Robben Island
Table Mountain
BELLVILLE
SOMERSET WEST
PAARL
WORCESTER
Stellenbosch
Durbanville
Kraaifontein
Franschhoek
Wellington
Malmesbury
Darling
Yzerfontein
Dasseneiland
West Coast N. P.
Churchhaven
Langebaan
Saldanha
Saldanha Bay
Vredenburg
Paternoster
St Helena Bay
Rocherpan N.R.
Elands Bay N.R.
Elands Bay
Baboon Point
Lambert's Bay
Graafwater
Clanwilliam
Clanwilliam Dam
Cederberg Wild. Area
Cederberge
Wuppertal
Citrusdal
Piketberg
Porterville
Groot Winterhoek Wildern. Area
Tulbagh
Ceres
Hex River Pass
De Doorns
Touwsrivier
Matjiesfontein
Laingsburg
Sutherland
Observatory
Komsberge
Roggeveldberge
Tankwa-Karoo N. P.
Swartruggens
Nuweveldberge
Merweville
Leeu-Gamka
Prince Albert Road
Prince Albert
Swartberg N.R.
Groot Swartberge
Cango Caves
Oudtshoorn
Calitzdorp
Ladismith
Little Karoo
Klein Karoo
Langeberge
Robertson
Montagu
Ashton
Bonnievale
Swellendam
Bontebok N.P.
Heidelberg
Riversdal
Albertinia
Mossel Bay
Mosselbaai
Post Office Tree
Hartenbos
Stilbaai-Wes
St. Sebastian Bay
De Hoop N.R.
Bredasdorp
Struisbaai
L'Agulhas
Agulhas Nat. P.
Cape Agulhas
Elim
Gansbaai
Stanford
Hermanus
Kleinmond
Walker Bay
False Bay
Simon's Town
Fish Hoek
Muizenberg
Strandfontein
Strand
Gordon's Bay
Hout Bay
Kommetjie
Cape of Good Hope
Kaap die Goeie Hope
Huguenot Memorial
Huguenot Toll Tunnel
Caledon
Greyton
Napier
Maßstab 1:2.300.000
0
40 km
1
2
3
4
5
Loxton
Hutchinson
Beaufort West
Karoo N. P.
Three Sisters
Murraysburg
Nelspoort
Great Karoo
Groot Karoo
Letjiesbos
Wittebergе
Seekoegat
Swartberg N.R.
Cango Caves
De Rust
Meiringspoort
Oudtshoorn
Dysselsdorp
Kammanassieberge
GEORGE
Wilderness
Sedgefield
Knysna
Plettenberg Bay
Garden Route Nat. Park
Tsitsikamma Section
Kougaberge
Baviaanskloof Wildern. Area
Groot Winterhoekbge.
UITENHAGE
PORT ELIZABETH
Algoa Bay
Despatch
Jeffreys Bay
St Francis Bay
Cape St. Francis
Humansdorp
Addo Elephant
Addo
Zuurberge
Kirkwood
Middelburg
Sneeuberge
Nieu Bethesda
Graaff-Reinet
Camdeboo N. P.
Aberdeen
Jansenville
Somerset East
Somerset-Oos
Cradock
Mountain Zebra N. P.
Bankberge
Winterberge
Bedford
Adelaide
Cookhouse
Alexandria
Grahamstown
Port Alfred
Woody Cape Nature Reserve
Bird I.
St. Croix I.
Summerstrand
Cape Recife
Maßstab 1:2.300.000
0
40 km
6
7
8
9
10
11
12
13

WEINGÜTER, NATIONALPARKS, TRAUMSTRÄNDE

Für Weinliebhaber sind die Cape Winelands im Hinterland von Kapstadt ein Eldorado, historische Städtchen und Weingüter garantieren Genuss. Weiter gen Osten verbindet die Garden Route Hafenstädtchen mit tropisch-üppigen Nationalparks und Buchten, in die jeden Winter Wale zum Kalben kommen.

1 – 2 Cape Winelands

Wenige Orte in den **Cape Winelands** TOPZIEL bezaubern so sehr mit kapholländischem Charme und jugendlich-lebhafter Atmosphäre wie das 1679 gegründete 1 **Stellenbosch** (100 000 Einw.). Bauten aus dem 18. und 19 Jh. säumen den zentralen Platz Die Braak. Entlang der Dorp Street gibt es viele hübsche Häuser mit geschwungenen Giebeln, schmiedeeisernen Gittern und Blumenpracht. Eine Vorstellung vom einstigen Alltag vermittelt das Dorp Museum. Die vier historisch eingerichteten Häuser wurden restauriert, selbst Sklavenunterkünfte und Gärten entsprechen dem Original (Ryneveld Street, Mo.–Sa. 9.00–17.00, Sept.–April So. 9.00–16.00, sonst 9.00–13.00 Uhr). Urig geht es in Oom Samie se Winkel zu: Seit 1791 wird hier alles nur Erdenkliche verkauft. Und nicht zuletzt gehört der Besuch eines der vielen Weingüter in der Umgebung zum Pflichtprogramm (www.wineroute.co.za). Auch 2 **Paarl,** 30 km nördlich, ist ein Zentrum des Weinanbaus. Entlang der baumbestandenen Main Street mischen sich kapholländische Häuschen wie das Pfarrhaus Oude Pastorie mit moderner Bebauung. Bei KWV, der größten Winzergenossenschaft der Welt, können Besucher Weine verkosten (Kohler Street, Mo.–Sa. Führungen auf Englisch; https://kwv.co.za/experience-kwv). Auf Paarls Wine Route passiert man berühmte Namen wie Nederburg oder Landskroon (www.paarlwineroute.co.za).

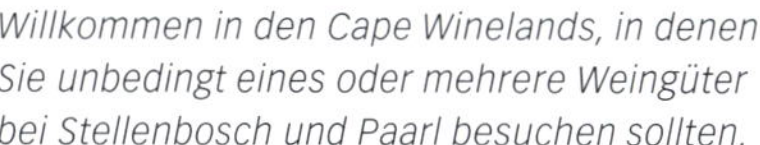
Willkommen in den Cape Winelands, in denen Sie unbedingt eines oder mehrere Weingüter bei Stellenbosch und Paarl besuchen sollten.

Tipp

Ein schöner Ort

Das 1853 errichtete Herrenhaus in 3 **Swellendam** ist tatsächlich sehr schön und das darin untergebrachte € € € **Schoone Ordt Country House** ungemein attraktiv. Innen verwöhnen modernster Komfort, geschmackvolles Design und ein gutes Restaurant. Gegenüber steht die Moederkerk, in ihrer Gestaltung die wohl ungewöhnlichste Kirche Südafrikas.

1, Swellengrebel St., Tel. 028 5 14 12 48, https://schooneoordt.co.za

RESTAURANT & UNTERKÜNFTE

Südafrika trifft Thailand trifft Italien im angesagten € € € **Post & Pepper** (De Oude Postkantoor, cr. Bird/Plein Street, https://postandpepper.co.za). Macht Spaß, schmeckt herrlich und es gibt sogar vegetarische Optionen!
In Stellenbosch erwartet das romantische € € € **River Manor Boutique Hotel & Spa** (6–8 The Avenue, www.thelivingjourneycollection.co.za) seine Gäste mit Pool und üppigem Garten.

INFORMATION

Stellenbosch Tourist Information Office
47 Church Street, Tel. 021 8 86 43 10
www.visitstellenbosch.org
Paarl Tourist Office, 216 Main Street
Tel. 021 8 72 48 42
www.facebook.com/visitpaarl

4 Hermanus

Das 1830 gegründete Städtchen **Hermanus** TOPZIEL (ca. 50 000 Einw.) avancierte Ende des 19. Jh.s dank einer Süßwasserquelle und des milden Klimas zu einem Kurort mit Sanatorien. Heute bieten Ferienhäuser und Pensionen Unterkunft an der weiten Bucht. Am Alten Hafen im Zentrum von Hermanus liegen einige restaurierte Fischerboote vor dem Old Harbour Museum (Marine Drive, Mo.–Sa. 9.00–16.30, So. 11.00–15.00 Uhr, www.old-harbour-museum.co.za).

ERLEBEN

Die besten Ausblicke auf Bucht und Wale eröffnen sich auf dem gut 15 km langen **Cliff Path** vom Hafen zum Grotto Beach. Unter den vielen Whale-Watching-Veranstaltern hat sich Southern Right Charters durch nachhaltige Touren einen Namen gemacht (Westcliff/Stil

Road, The Whale Shack, New Harbour, Tel. 082 3 53 05 50, www.southernrightcharters.co.za).

RESTAURANTS & UNTERKÜNFTE

€ € **Fisherman's Cottage** (Main/Harbour Road, Tel. 028 3 12 36 42), rustikales Fischlokal mit besonderem Charme.

€ € **Abalone Guest Lodge** (306 Main Road, Tel. 044 5 33 13 45, www.abalonelodge.co.za). Elegant in Weiß, mit viel Glas eingerichtete Lodge in erster Reihe am Cliff Path.

UMGEBUNG

Am 120 km entfernten **Cape Agulhas** markiert ein Leuchtturm den südlichsten Punkt Afrikas und die Stelle, an der Atlantik und Indischer Ozean aufeinandertreffen.

INFORMATION

Hermanus Tourism, Station Building
Tel. 028 3 13 89 30
https://hermanus-tourism.co.za

5 – 8 Garden Route

Als Garden Route wird ein 220 km langes Teilstück der N 2 zwischen Mossel Bay im Westen und der Mündung des Storms River im Osten bezeichnet. Die meisten Seefahrer, die das Kap der Guten Hoffnung umsegelt hatten, ankerten zur Aufnahme von Frischwasser in der 5 **Mossel Bay,** der Muschelbucht. Heute ist der Ort (120 000 Einw.) mit seinen attraktiven Stränden ein beliebter Ferienort. Hauptattraktion ist das Bartolomeu Diaz Museum mit einem originalgetreuen Nachbau der Caravelle von Diaz (1 Market Street, 8.15–17.00, Sa., So. 9.00–16.00 Uhr, www.diasmuseum.co.za). Der Eisenbaum in der Mitte der Anlage diente den Seemännern als Postamt: Wenn sie Mossel Bay passierten, deponierten sie am Baum ihre Briefe – Besatzungen, die in Gegenrichtung unterwegs waren, nahmen die Post mit.

6 **Knysna** (75 000 Einw.) ist für die Seepferdchen berühmt, die neben vielen anderen Fischen und Meeresgetier in großer Zahl in den ruhigen Gewässern schweben. Zwei Felsen, die „Knysna Heads", flankieren die Lageneinfahrt und schirmen den Ankerplatz zur offenen See hin ab. Auf der windgeschützten Lagune lassen sich schöne Kajaktouren unternehmen. Umgeben ist der Ort vom Knysna Forest; in den ursprünglich erhaltenen Zonen wachsen uralte, riesige Stink- und Yellowwood-Bäume. Im Badeort 7 **Plettenberg Bay** vervielfacht sich in der Saison die Zahl der Bewohner, denn „Plett" ist absolut in. Auch hier gibt es keine Sehenswürdigkeiten, die Besucher kommen wegen der wunderschönen Sandstrände, des breiten Freizeitangebots und der Ausflugsziele im Hinterland. Im Monkeyland 16 km östlich leben Affen, die aus Pharmabetrieben oder von Privatpersonen stammen und hier ein Stück Freiheit genießen dürfen. Besucher können das Areal auf eigene Faust erkunden und dabei u. a. eine 120 m lange Hängebrücke überqueren (tgl. 8.00 bis 17.00 Uhr, www.monkeyland.co.za).

Die 8 **Tsitsikamma Section** ist Teil des **Garden Route National Park.** Mit einer Größe von 3000 km² erstreckt sie sich rund 100 km entlang der Küste der Garden Route. Den Khoikhoi-Namen „Tsitsikamma" („wasserreicher Ort") verdankt sie den vielen Flüssen und Bächen, die den gleichnamigen Bergen entspringen und hier ins Meer münden. Tropische Urwaldvegetation und Wanderwege machen das Naturschutzgebiet zu einem beliebten Ziel für Trekkingtouren. Einen ersten Eindruck vermittelt der 1 km lange Mouth Walk, der vom Parkrestaurant durch dichten Wald zur berühmten Hängebrücke über den Storm River und zurück führt. Unterwegs kann man viele Vögel, Klippschliefer und Affen sichten (tgl. 7.00–18.00 Uhr, www.tsitsikamma.info). Bei einer „Canopy Tour" durch Baumwipfel erleben die Teilnehmer an Drahtseilen gleitend den Urwald (ca. 3 Std., Tel. 042 2 81 18 36, www.canopytour.co.za).

Frisch von der Farm

Nichts lieben Südafrikaner:innen mehr, als den Sonntag auf einem Farmers Market zu verbringen! Favorit an der Garden Route ist der **White Oats Community Farmers Market** östlich von Sedgefield gleich an der N2. Wer früh kommt, hat die beste Auswahl, ganz gleich ob Käse oder Strohhut, Kuchen oder Bio-Saft. Und es macht Spaß!
Sedgefield, So. 7.30–12.00 Uhr,
www.wildoatsmarket.co.za

Von Menschenhand geschaffen (City Hall, Port Elizabeth), von der Natur geformt (Valley of Desolation in der Karoo)

ERLEBEN

Sea Kayaking zwischen Delfinen und Walen: Dolphin Adventures, Central Beach, Plettenberg Bay, www.dolphinadventures.co.za. Wanderwege führen die Küste entlang, so der **Oystercatcher Trail** in drei Tagen von Mossel Bay nach Dana Bay (www.oystercatchertrail.co.za).

RESTAURANTS

€ € € **East Head Café** (25 George Rex Drive, Knysna, Tel. 044 3 84 09 33). Auf der Terrasse mit Blick auf den westlichen „Kopf" und die Lagune muss man Austern essen. Auf der Karte gibt es aber ebenfalls tolle Burger mit Garnelen.

€ € **The Lookout Deck** (Plettenberg Bay, Tel. 044 5 33 13 79). Ein Ausguck mit herrlichem Blick! Ein typisches Fast-Food-Restaurant, aber mit riesigen Portionen! Spezialität des Hauses: Cape Malay Mutton Curry.

INFORMATION

Mossel Bay Tourism Bureau
Church/Market St., Tel. 044 6 91 22 02
www.visitmosselbay.co.za
Knysna Tourism, 40 Main Road
Tel. 044 3 82 55 10, www.visitknysna.co.za
Plett Tourism, Main Street
Tel. 044 5 33 40 65, www.plett-tourism.co.za

9 – 10 Port Elizabeth/ Gqeberha

Die Großstadt 9 **Port Elizabeth** (2021 umbenannt in Gqeberha; 1,3 Mio. Einw.) an der Nelson Mandela Bay ist mit vielen Betrieben der Autoindustrie ein bedeutendes Wirtschaftszentrum; fantastische Strände machen sie auch zu einem beliebten Urlaubsziel der Südafrikaner. Im Stadtzentrum erinnert die imposante City Hall von 1858 an die britische Kolonialzeit; auch die viktorianischen Donkin Street Houses am ebenfalls nach dem britischen Gouverneur Sir Rufane Donkin benannten Stadtpark und Bauten entlang der Upper Hill Street stammen aus dem 19. Jh. Die markante Pyramide im Park errichtete Donkin in Gedenken an seine verstorbene Frau Elizabeth und benannte die kleine Siedlung am Hafen der Algoa Bay seinerzeit ihr zu Ehren um.

UMGEBUNG

Mehr als 600 Dickhäuter und viele weitere Wildarten haben im nahen 10 **Addo Elephant National Park** ein geschütztes Heim gefunden. Teilgebiete sind mit dem eigenen Fahrzeug zu befahren. Zugänglich ist der Park von Sonnenauf- bis Sonnenuntergang; Unterkunft bieten Camps und exklusive Safari Lodges (www.sanparks.org).

INFORMATION

Nelson Mandela Bay Tourism
Donkin Reserve, Belmont Terrace
Tel. 041 5858884, www.nmbt.co.za

⑪ – ⑬ Oudtshoorn

⑪ **Oudtshoorn** (91 000 Einw.) entwickelte sich ab den 1860er-Jahren zur „Welthauptstadt der Straußenzucht". Die Vögel hatten in der ariden, warmen Karoo-Halbwüste ideale Bedingungen; 750 000 Tiere sollen die Farmer zeitweise gehalten haben. Mehr oder weniger über Nacht reich geworden, ließen sie sich in der Stadt palastartige Villen erbauen (Ostrich Palaces). In die Geschichte der Stadt entführt das CP Nel Museum (3 Baron van Rheede Street, Tel. 044 272 73 06, Mo.–Fr. 8.00–17.00, Sa. 9.00–13.00 Uhr), zu dem auch das Le Roux Townhouse gehört, außen wie innen ein typisches Beispiel für einen Ostrich Palace (Loop/High Street, Öffnungszeiten wie Museum). Straußenfarmen bieten bei Oudtshoorn Besuchsprogramme an, so auch die **Highgate Ostrich Show Farm.** Hier erfahren Besucher alles Wissenswerte über die Zucht und können Straußenprodukte kaufen (tgl. 8.00 bis 16.00 Uhr, http://highgate.co.za). Bei **Meerkat Experience** widmet sich der passionierte Erdmännchenforscher Grant McIlrath seinen putzigen Lieblingstieren und lässt angemeldete Besucher daran teilhaben (Tel. 082 551 30 19, www.dezeekoe.co.za/meerkat-tours).

UMGEBUNG
Die imposanten Tropfsteinhöhlen ⑫ **Cango Caves** rund 40 km nordöstlich dienten den San einst als Zuflucht. Heute ist ein etwa 2 km langer Rundgang erschlossen (tgl. 9.00–16.00 Uhr, Führungen stündl., www.cango-caves.co.za).

UNTERKUNFT
€ € € Adley House (209 Jan van Riebeck Blvd., Oudtshoorn, www.adleyhouse.co.za). Stilvoll wohnen im Straußenpalast.

INFORMATION
Tourism Bureau, 80 Voortreeker Street
Tel. 044 279 25 32
www.oudtshoorn.com

Tipp

Abstecher

Ein Hauptort in der sich immer weiter ausbreitenden Halbwüste **Karoo** ist das bezaubernde ⑬ **Graaff-Reinet,** ein wahres Schmuckstück kapholländischer Architektur. Mit über 200 denkmalgeschützten Villen und Häusern und einem regen Kulturleben ist es zugleich ein entspanntes Künstlerstädtchen. Im nahen Camdeboo National Park stehen charakteristische Landschaftsformen sowie Fauna und Flora der Großen Karoo unter Naturschutz; faszinierend sind die zu eigenwilligen Formen erodierten Felsen des Valley of Desolation.

www.graaffreinet.co.za,
www.sanparks.org/parks/camdeboo/

UNHEIMLICHE BEGEGNUNGEN

Haibeobachtung und Cage Diving – wenige Aktivitäten werden so kontrovers diskutiert. Gegner werfen den Käfigtauchern vor, sie reduzierten die Scheu der Haie vor Booten und Menschen und seien letztendlich somit für die Zunahme von Hai-Attacken verantwortlich.

Befürworter versichern, die touristische Aufmerksamkeit für Haie lege illegalem Haifang einen Riegel vor, denn Zahl und Zustand der Tiere werden von Veranstaltern wie den Fairtrade-zertifizierten Marine Dynamics Shark Tours, die mit erfahrenen Biologen zusammenarbeiten, genau überwacht. Marine Dynamics haben sogar eine Conservancy, ein Meeresschutzgebiet, eingerichtet, um die Haie und andere marine Populationen vor Wilderei zu schützen.

Der Ablauf ist simpel. Von Gansbaai, dem beliebtesten Cage Diving Spot nahe Hermanus, fährt man mit dem Boot zu einer Stelle, wo sich erfahrungsgemäß Haie aufhalten. Mittels Robben-Dummy und manchmal einem Fischkopf – Anfüttern ist streng verboten – werden Haie angelockt. Dann steigt der mit Taucheranzug und -brille ausgerüstete Proband in den Käfig.

Kontrovers diskutiert: Cage Diver beobachten Haie aus nächster Nähe..

Nähern sich Haie, wird der Käfig etwas abgesenkt; die Luftzufuhr erfolgt durch einen Sauerstoffschlauch. Wie nahe die Tiere kommen, ob sie stupsen oder gar am Gitter knabbern, bleibt ihrer Stimmung überlassen.

Lizenzierte Veranstalter von Shark Cage Diving-Touren listet die Website von Gansbaai Tourism:
www.gansbaai-info.co.za

Marine Dynamics Shark Tours:
5 Geelbek Street, Kleinbaai
Western Cape
Buchung: Tel. 0799 30 96 94, https://sharkwatchsa.com
Der Anbieter ist Fairtrade-zertifiziert.

BAFANA
O'NEILL
FCS

KÜSTE VOLLER DYNAMIK

Mit der rauen Wild Coast im Süden, dem zum UNESCO-Welterbe geadelten iSimangaliso Wetland Park im Norden, den Drakensbergen und dem Hügelland der Transkei ist die östliche Küste Südafrikas stolzer Nutznießer traumhaft schöner Landschaften. In Durban bündeln sich die ethnischen Einflüsse zu einem quirligen Melting Pot.

Surfin' South Africa: Am Strand von Durban finden Wellenreiter beste Bedingungen vor.

Die Xhosa Cultural Tour bringt den Fremden unterwegs durch Begegnungen die Fremde näher – sei es beim Fußball in East Londons ehemaliger Township oder auf dem Weg nach Coffee Bay, wo die Xhosa südwestlich von Port St. Johns in ihren traditionellen Rundhütten leben. Nach einem Blick auf die schöne Küstenszenerie von Coffee Bay geht's dann zurück an den Strand von East London, um noch ein bisschen Sonne zu tanken (und instagramtauglich zu posen).

Mister Madari Senior steht inmitten der zahllosen bunten duftenden Gewürzkegel an seinem Stand auf dem Victoria Street Market in Durban und redet wie ein Wasserfall. In indisch gefärbtem Singsang preist er auf Deutsch das Curry seines Familienunternehmens an: „Für die tüchtige Hausfrau." Verschwörerisch blinzelnd fügt er hinzu: „... in verschiedenen Schärfegraden." Denn die Schärfe tue ja auch im Bett ihre Wirkung. Seine Zuhörer, eine deutsche Reisegruppe, lassen sich davon offenbar gern inspirieren. Wieselflink füllen Madaris Söhne „Delhi Delight" ab, wiegen, kassieren.

ALS DIE INDER KAMEN

Mister Madari ist ein Mitglied der großen indischen Gemeinde von Durban. Die Geschichte seiner Familie kann er bis in die Mitte des 19. Jahrhunderts zurückverfol-

NOCH HEUTE KÜNDEN VERSPIELTE ARKADENHÄUSER UND PRUNKVOLLE MOSCHEEN VOM KULTURELLEN EINFLUSS ASIENS.

gen. 1860 begannen südafrikanische Großgrundbesitzer in Indien Arbeiter für die Zuckerrohrplantagen anzuwerben. Ihnen folgten geschäftstüchtige Händler, die sich rund um die Grey Street niederließen, in der bis heute verspielte Arkadenhäuser und prunkvolle Moscheen vom kulturellen Einfluss Asiens künden. Es entstand „Bunny Chow", für das Mister Madaris Gewürze unabdingbar sind: Die Fast-Food-Version indischer Currys, erfunden im „Kapitans Vegetarian Restaurant" an der Grey Street, besteht aus einem ausgehöhlten Brotlaib, der mit Curry gefüllt wird. Angeblich verkaufte „Kapitans" so seine Currys heimlich durch die Hintertüre an Inder, die das Restaurant wegen der Rassentrennung

Anglerfreuden bei St. Lucia im iSimangaliso Wetland Park

Im Kosi Bay Nature Reserve: Auch hier wartet man auf frischen Fang im Indischen Ozean.

Bei den Webervögeln kümmern sich vor allem die Männchen um den Nestbau.

Zum Rathaus von Pietermaritzburg, dem größten Backsteinbau südlich des Äquators, gehört ein 47 Meter hoher Glockenturm.

»WENN DU JEMANDEN IN SEINER MUTTERSPRACHE ANSPRICHST, SPRICHST DU DIREKT ZU SEINEM HERZEN.«

Nelson Mandela

nicht betreten durften. Der junge Anwalt Mahatma Gandhi, der 1893 in Durban ankam, entwickelte angesichts der am eigenen Leib erfahrenen Ungerechtigkeiten hier die Grundlagen seiner Philosophie vom gewaltlosen Widerstand und gründete den Natal Indian Congress, die erste politische Vertretung der Inder.

AN DER GOLDEN MILE

Durbans Zentrum besteht bis auf die imposante City Hall und die Kolonialbauten um die Grey Street in erster Linie aus von Hochhäusern gesäumten Straßenschluchten. Ein gutes Stück von hier entfernt staffeln sich Hotels entlang der breiten Sandstrände der Golden Mile am Indischen Ozean. Elegant gleiten Surfer durch die heftige Brandung. Durban ist einer der Hotspots für Wellenreiter, allerdings kein ungefährlicher.

Hai-Attacken kommen immer wieder vor, obwohl die Küste am Indischen Ozean auf fast 400 Kilometer Länge durch Hainetze gesichert ist. In sicherem Abstand erleben Besucher des Vergnügungsparks „uShaka Marine World“ die Meeresräuber: Durch einen Käfig geschützt, tauchen sie ins Haifischbecken ab. Und im Restaurant „Cargo Hold“ dinieren die Gäste vor Glaswänden, hinter denen die Haie hungrig ihre Runden drehen. Davor warten Rikschafahrer in kunterbunten Kostümen auf Passagiere. Fast alle gehören zum Volk der Zulu, aber die Rikschas verkörpern das indische Erbe. Typisch Durban!

DER MAGISCHE RING

Die Zulu sind ein traditionsbewusstes Volk, ihre Heimat KwaZulu ist ein friedlich wirkendes Idyll mit kleinen, im Kreis gebauten Siedlungen auf Bergkuppen. Bis heute haben die Zulu einen König, der das vielleicht wichtigste Symbol ihrer Einheit hütet, den *inkatha yezwe yakwaZulu*: Dabei handelt es sich um einen Ring aus Gras und magischen Substanzen, der, in eine Pythonhaut eingenäht, von König zu König weitergegeben wird. Allerdings ist der heutige *inkatha* nicht mehr jener, der Shaka, dem legendären Herrscher, Kriegsführer und Einiger der Zulu, seine fast übermenschlich anmutenden Kräfte verlieh; dieser Ring verbrannte, als die Briten 1879 die Zulu vernichtend schlugen und die Residenz ihres Königs Cetchwayo anzündeten. Heute lebt die Einheit des Volkes in einem neuen Ring weiter – und im Namen der mächtigen Zulu-Partei: Inkatha Freedom Party.

TIERPARADIESE IM NORDEN

Rund 250 Kilometer nördlich von Durban stehen im iSimangaliso Wetland

Weitblick: Auf einer Länge von über 1000 Kilometern bilden die Drakensberge den Übergang vom südafrikanischen Binnenhochland zur Ostküste.

Rückblick: Archaisch anmutendes dörfliches Leben etwa 40 Kilometer westlich von Winterton in den Drakensbergen

Durchblick: Im Basotho Cultural Village, an der Grenze zu Lesotho

Special

Xhosa

Blick hinter die Kulissen

Im Land der Xhosa kommen Reisende der Kultur und Geschichte ihrer Gastgeber ganz nah.
Velile Ndlumbini, Guide von Imonti Tours, führt seine Gäste etwa in East Londons ehemalige Township, wo er auf Wunsch auch ein Fußballspiel Bewohner gegen Besucher organisiert. Oder er fährt auf dem Nelson Mandela Freedom Trail nach Mthata ins Nelson-Mandela-Museum, zum Geburtshaus Mandelas in Mvezo und nach Qunu, wo er aufgewachsen ist. Natur und Wandern stehen auf dem Programm, wenn Velile auf dem Trevor's Trail ein reizvolles Stück Wild Coast zu Fuß und im Boot erforscht, dabei die vielfältigen medizinischen Anwendungsbereiche der hier wachsenden Pflanzen erläutert und zum Abschluss einen Xhosa-Heiler besucht.

Die bezaubernde Bulungula Lodge im Herzen der Wild Coast trägt das Fairtrade-Siegel. Bulungula ist zu 40 Prozent im Besitz der lokalen Gemeinde Nqileni, deren Mitglieder alle Aktivitäten betreuen und von den Einnahmen profitieren. Die Gäste können hier Fischen lernen, den Geschichten der Ältesten lauschen, einfach durch das Dorf streifen und irgendwo auf ein selbst gebrautes Umqombothi-Bier einkehren.
Imonti Tours, www.imontitours.co.za, Bulungula Lodge, https://bulungula.co.za

Junger Xhosa während des Initiationsrituals

Park weder Gitterstäbe noch Glas zwischen Mensch und Tier. Lagunen umschmeicheln Felsvorsprünge, Flussarme verzweigen sich zu Sümpfen. Am Indischen Ozean bekommen die Big Five Gesellschaft von zwei weiteren „Bigs“: Wal und Weißem Hai. Den Namen „iSimangaliso“ (Zulu: „Wunder“) trägt der Nationalpark zu Recht. Die Vielfalt von Flora und Fauna ist atemberaubend: In den Seen teilen sich Hippos und Krokodile den Lebensraum mit Süßwasserfischen, in den Sykomorenwäldern erklingt das Gezwitscher der Nektarvögel. Hinzu kommen immense Korallenriffe, an denen Muränen und Mantas entlangschweben, sowie Savannen, in denen Elefanten, Antilopen und Büffel grasen.

iSimangaliso ist als ein Paradies zu bezeichnen, ebenso wie der nur wenige Kilometer landeinwärts liegende Hluhluwe-Nationalpark, dessen mit hohem Gras bewachsene Hügel und Berge einer großen Zahl an Nashörnern Heimat sind. Friedlich äsend beobachten diese Riesen die hindurchfahrenden Besucher und lassen sie ohne Scheu ziemlich nahe an sich heran.

WILDE KÜSTE, SANFTE MENSCHEN

Mangrovenbestandene Buchten zwischen schroffen Felsriffen, grünes, sanft gewelltes Hügelland, mit Stroh gedeckte

Vom Royal Natal Yacht Club hat man einen herrlichen Blick auf die nächtlich illuminierte Silhouette des modernen Großstadt-Dschungels von Durban.

Auch der Indian Market gehört zum Stadtbild von Durban

In der Innenstadt von Durban dominieren moderne Bauten, vereinzelt hat aber auch noch kolonialzeitliche Architektur dem Trend der Zeit getrotzt.

Vom Dach des zur Weltmeisterschaft 2010 gebauten Moses-Mabhida-Stadions in Durban blickt man auf den Strand und die Hotels der Stadt.

Lehmhäuser, ein Hirte in eine Decke gehüllt – die Wild Coast und ihr Hinterland, die frühere Transkei, zählen zu den noch weitgehend unberührten Landschaften Südafrikas. Noch, denn in den Küstendünen haben australische Bergbauunternehmen damit begonnen, seltene Metalle wie Titan zu schürfen.

Im Streit um die Xolobeni-Mine steht nicht nur die australische Bergwerksgesellschaft auf der Gegenseite, sondern auch das südafrikanische Bergbauministerium, das die Abbaurechte vergeben hatte. Im Jahr 2019 hob ein Gericht diese Landvergabe auf. Nun haben die lokalen Xhosa-Gemeinschaften das letzte Wort.

BERÜHMTESTER EINWANDERER IN DURBAN WAR MAHATMA GANDHI, DER VATER DER INDISCHEN UNABHÄNGIGKEIT.

Denn obwohl die hier lebenden Xhosa als äußerst freundliche und friedliebende Menschen gelten, haben sie sich diesen Eingriff in ihr Hoheitsgebiet und ihre Natur nicht wehrlos gefallen lassen. Dabei war ihr Kampf gegen die Vergabe der Abbaurechte nicht nur vom Umweltgedanken geprägt: Natürlich möchten die Xhosa die Wild Coast schützen, ja, am liebsten einen Nationalpark einrichten. Aber es geht ihnen ebenso um die ethnisch begründete Opposition gegen die ANC-Regierung. Wenn auch hier in Mvezo unweit der Provinzhauptstadt der wohl berühmteste ANC-Aktivist und Xhosa Südafrikas, Nelson Mandela, geboren wurde, sieht sich sein Volk vom ANC missachtet und bei politischen Entscheidungen übergangen.

Ob den vielen Individualreisenden, die an diesem Küstenstrich entspannt Strand- und Surfurlaub genießen, bewusst ist, welcher (Boden-)Schatz im Küstensand verborgen ist?

Die spannendsten Führungen

SÜDAFRIKA OFFROAD

Man sieht nur, was man weiß. In Südafrika gilt dieser Wahlspruch ganz besonders, denn die vielen Kulturen und Naturräume zu erleben und zu verstehen, erfordert Spezialwissen, das ein Fremder sich kaum erarbeiten kann. Aber dafür gibt es ja die vielen engagierten Guides, die nichts lieber tun, als ihr Wissen und ihre Begeisterung mit den Besuchern zu teilen.

1 Trekking zu wilden Tieren

Gut zu Fuß, belastbar und furchtlos – so etwa sollten sich Teilnehmer der Wilderness Trails im Kruger National Park fühlen, denn der Ranger führt sie aus dem Schutz der umzäunten Camps hinaus in die Wildnis. Drei Tage beispielsweise auf dem Bushman Trail, auf dem nicht nur verschiedene Antilopen und der eine oder andere Elefant die Pfade kreuzen, sondern auch Rhinos oder Büffel. Auch die eine oder andere rätselhafte Buschmannzeichnung wird man zu sehen bekommen. Abends gibt's einfaches Essen in spartanischen Camps, dazu einen sensationellen Sternenhimmel, den Ruf eines Uhus und das Gekichere der Hyänen.

Start jeweils Mittwoch und Sonntag, Buchung über www.sanparks.org

2 Fynbos von oben

Nervenkitzel und Naturerlebnis verbindet die Cape Canopy Tour im Hottentots Holland Nature Reserve unweit der Garden Route. An Drahtseilen gesichert, schwingen die Teilnehmer per Seilrutsche über steile Bergflanken und die Riviersonderend-Schlucht, an deren Hängen Tausende von Blüten des Cape Floristic Kingdoms ihre kunterbunte Pracht entfalten.

Hottentots Holland Nature Reserve, R321, Elgin
Tel. 021 3 00 05 01
www.canopytour.co.za

3 Graue Riesen und Baum-Methusaleme

Zwei oder drei der ursprünglich 500 Elefanten soll es noch geben im Knysna Forest, und auch nur noch wenige der legendären Outeniqua Yellowwoods haben die Abholzung der Küstenwälder überlebt. Dennoch eröffnen Wanderungen durch den Forest eine Landschaft voller Zauber und Magie, in der unzählige Vögel eine Sinfonie zwitschern, Gelbholzbäume an J. R. R. Tolkiens Ents aus *Herr der Ringe* erinnern und wispernde Farmmeere gleich an *Jurassic Park*. Ganz gleich ob beim 1 km kurzen Garden of Eden Forest Walk oder dem 20 km langen Elephant Walk – der Zauber wirkt!

www.sa-venues.com/things-to-do/gardenroute/the-elephant-walk/

4 Graffiti-Tour durch Johannesburg

Johannesburgs verlassenes Stadtzentrum entwickelt sich seit Jahren zum Mekka nationaler und internationaler Graffiti-Künstler. Wo früher leere Fensterhöhlen aus bröckelnden Betonmauern starrten, winden sich heute Lianen kunterbunter Blüten über die Fassaden, an düsteren Unterführungswänden lauern bizarre Comicgestalten. Zu Fuß oder auf dem Skateboard geht's durch Bramfontein und zu dessen Street Art.

www.cityskatetours.co.za

7 Gospels in Langa

Township-Touren gibt es mittlerweile viele – diese durch Kapstadts ältestes Township Langa tut sich sonntags durch ein ganz besonderes Erlebnis hervor: die Teilnahme an einem von Gospels begleiteten Gottesdienst. Die meisten Gäste können sich der kraftvollen und überschäumenden Religiosität der Township-Bewohner kaum entziehen. Nach der Feier besuchen sie die Häuser einiger Gemeindemitglieder und lernen den Alltag in Langa kennen.

Camissa Travel
20 Curlew Str., Brooklyn
Cape Town
Tel. 078 6 57 77 88
www.gocamissa.co.za

5 Schnorcheln im Zauberwald

Ein Ökosystem, das kaum wahrgenommen wird, verbirgt sich entlang der Atlantikküste Südafrikas: Wälder aus Kelp. Diese Braunalgenart, die bis zu armdicke Stämme entwickeln kann und deren Blätter – wie Baumkronen – kurz unterhalb der Wasseroberfläche mit Wellen und Strömung schaukeln, bieten einer Vielzahl maritimer Lebewesen ein Zuhause. Schnorcheltouren durch diesen Unterwasserwald gleichen einem Abenteuer im tiefen Märchenwald. Natürlich in wärmenden Wetsuites – der Atlantik ist kalt!

Cape Town Freediving
1 Albert Rd, Muizenberg
Cape Town
Tel. 072 8 70 27 24
https://capetownfreediving.com

6 Auf Pferderücken entlang der Drakensberge

Nur erfahrene Reiter sollten die sechsstündige Tour von Kaapsehoop, südlich von Nelspruit, durch uralte Wälder und bizarre Gesteinslandschaften am Fuß der Drakensberge unternehmen. Reizvoll sind nicht nur das Reiterlebnis und die landschaftliche Schönheit, sondern vor allem die spannenden Begegnungen mit Wildpferden und Antilopen. Mittags wird im Dorf Kaapsehoop gerastet, und abends, nach der Rückkehr auf die Farm, ist dann das Westernfeeling nach dem Ausritt perfekt.

Kaapsehoop Safaris
Nelspruit
Tel. 076 1 08 00 81
www.horsebacktrails.co.za

PRETORIA
MAMELODI
TEMBISA
Cradle of Humankind
KRUGERSDORP
RANDFONTEIN
ROODEPOORT
BENONI
BRAKPAN
SPRINGS
SOWETO
BOKSB.
JOHANNES-BURG
Nigel
Carletonville
Evaton
VANDERBIJLPARK
VEREENIGING
Potchefstroom
KLERKSDORP
Orkney
Vredefort Dome
Secunda
Hoëveld
eMALAHLENI (WITBANK)
MIDDELBURG
Premier Diamond Mine
Cullinan
Bronkhorstspruit
Emgwenya (Waterval Boven)
MBOMBELA (NELSPRUIT)
Barberton
Komatipoort
Kaapmuiden
MOÇAMBIQUE
MAPUTO
MATOLA
Namaacha
Moamba
Catembe
Mbabane
Manzini
eSWATINI
SWAZILAND
Lubombo
Lebombo
Hlane Royal N.P.
Malolotja N.R.
Big Bend
Nsoko
Lavumisa
Tongaland
Ubombo
Pongola
Piet Retief (eMkhondo)
Randberge
Amersfoort
Volksrust
Wakkerstrom
Balelesberge
Paulpietersburg
Vryheid
Utrecht
Newcastle
MADADENI
Dundee
Blood River Monument
Glencoe
Ladysmith
Bergville
Estcourt
Colenso
Weenen
Tugela Ferry
Kranskop
Greytown
Eshowe
Melmoth
Hlabisa
Hluhluwe
Mtubatuba
St. Lucia
St. Luciameer
iSimangaliso Wetland Park
Mkhuze
Sodwana National Park
Empangeni
RICHARDS BAY
RICHARDSBAAI
Richards Bay Game Res.
Gingindlovu
KwaDukuza (Stanger)
Tongaat
Verulam
Kwa-Mashu
DURBAN
Pinetown
PIETERMARITZBURG
Howick
MPUMALANGA
Richmond
Isipingo
Amanzimtoti
Kingsburg
Umkomaas
Park Rynie
Sezela
Hibberdene
Sea Park
Port Shepstone
Margate
Port Edward
Umtentu
Port Grosvenor
Port St. Johns
Coffee Bay
The Haven
Dwesa Nat. R.
Mazeppa Bay
Kei Mouth
Mthatha
Butterworth
Idutywa
QUEENSTOWN
BHISHO
MDANTSANE
King William's Town
Zwelitsha
EAST LONDON
OOS-LONDEN
Beacon Bay
Kidd's Beach
Hamburg
Port Alfred
Bathurst
LESOTHO
MASERU
Maluti Mts.
Central Range
Thaba Putsoa
Drakensberg
uKhahlamba-Drakensberg P.
Giants Castle
Mont aux Sources
Royal Natal N.P.
Sehlabathebe N.P.
PHUTHADITJHABA
Bethlehem
Harrismith
Clarens
Ficksburg
Ladybrand
BOTSHABELO
Wepener
Mafeteng
Mohale's Hoek
Zastron
Sterkspruit
Lady Grey
Barkly East
Elliot
Matatiele
Kokstad
Harding
Bizana
Flagstaff
KROONSTAD
KUTLWANONG
WELKOM
VIRGINIA
Ventersburg
Winburg
Senekal
Heilbron
Frankfort
Vrede
Sasolburg
Parys
Standerton
Ermelo
Bethal
INDIAN OCEAN
Maßstab 1:3.400.000
0
60km
1
2
3
4
5
6
7

DIE TROPISCHE SEITE SÜDAFRIKAS

Eastern Cape und KwaZulu Natal repräsentieren die tropische Seite Südafrikas – endlose Strände, wildreiche Sumpfgebiete und Galeriewälder, Korallenriffe sowie Städte, in denen sich Europa, Afrika und Asien treffen, sind charakteristisch für die Region, während im Hinterland Farmstädtchen und Monumente am Fuß der mächtigen Drakensberge an die burischen Voortrekker erinnern.

1 iSimangaliso Wetland Park

Zu Recht steht der 3300 km² große **iSimangaliso Wetland Park** TOPZIEL an Südafrikas nordöstlichstem Küstenabschnitt auf der Liste des UNESCO-Weltnaturerbes: Das rund 200 km lange, schmale Schutzgebiet vereint acht verschiedene Ökosysteme, u. a. Korallenbänke, Strände mit charakteristischer Küstenvegetation, Savannen, Sümpfe, Flusssysteme und Seen. Entsprechend vielfältig sind Flora und Fauna, die von der Dornbuschsavanne zum Mangrovensumpf und von der Karettschildkröte bis zum Wal oder Elefanten nahezu alle in Südafrika heimischen Arten umfasst. Besucher können den Nationalpark bei Rundfahrten und Wanderungen auf eigene Faust erkunden oder sich organisierten Touren anschließen.

ERLEBEN
Der Nationalpark ist ein Paradies für **Vogelfreunde**. Themba's Birding & Eco Tours (St. Lucia, Tel. 071 4 13 32 43, www.stluciabirding.com) organisiert Touren. **Tauchtrips** zum sogenannten Korallenriff-Aquarium vor Sodwana Bay veranstaltet Coral Divers (Tel. 033 3456531, https://coraldivers.co.za), **Reitsafaris** durchs Hinterland Bhangazi Horse Safaris (Tel. 083 7 92 78 99, www.bhangazihorsesafaris.com).

UNTERKÜNFTE
Im Angebot sind Campingplätze, Hütten für Selbstversorger und Lodges, die auf der Website des Nationalparks gelistet sind und über Ezemvelo KZN Wildlife gebucht werden können (mindestens 48 Std. im Voraus; außerhalb der Ferientermine finden aber meist auch unangemeldete Gäste eine Übernachtungsmöglichkeit). Die Rundhütten-Bungalows von **€ € Lodge Afrique** (71 Hornbill Street, St. Lucia Estuary, Tel. 071 5 92 03 66, www.lodgeafrique.com) verteilen sich in einem kleinen Garten.

INFORMATIONEN UND BUCHUNG
Ezemvelo KZN Wildlife, Tel. 033 8 45 10 00
www.kznwildlife.com, http://isimangaliso.com

Tierische Begegnungen: Baby-Krokodil im iSimangaliso Wetland Park, Giraffe im Hluhluwe-Imfolozi National Park

2 Hluhluwe-Imfolozi National Park

Das rund 1000 km² große Naturschutzgebiet besteht aus zwei durch einen Korridor miteinander verbundenen Game Reserves und begeistert durch den Wildreichtum und die herrliche Hügel- und Berglandschaft. Berühmt ist der Park für seine Nashörner: Bis heute halten die Ranger die Population von zahlreichen Spitz- und Breitmaulnashörnern auf einem konstanten Level und fangen überschüssige Tiere ein, um sie an anderen Orten auszuwildern. Hluhluwe gehört zu den ältesten Wildparks Südafrikas; bevor die Briten das Areal 1895 unter Naturschutz stellten, diente es den Zulu-Königen als exklusives Jagdgebiet. Mehrere Routen sind für Selbstfahrer ausgewiesen.

UNTERKÜNFTE
Übernachtet wird in Lodges und Camps, die von KZN gemanagt werden. Das **€–€ € € Hilltop** in unvergleichlicher Hügellage mit Chalets, Hütten, Lodge und Pool ist sehr empfehlenswert.

UMGEBUNG
Das **Ondini Cultural Museum** in der einstigen Königsresidenz der Zulu, rund 100 km westlich des Nationalparks, schildert anhand archäologischer Funde, Schmuck, Waffen und Alltagsgegenständen die Genese der Zulu, die aus vielen ethnischen Gruppen bestehen und sich erst Anfang des 19. Jh.s als Volk formierten (5 km außerhalb von Ulundi, Mo.–Fr. 8.00 bis 16.00, Sa., So. 9.00–16.00 Uhr).

INFORMATION
Ezemvelo KZN Wildlife, Tel. 033 8 45 10 00
www.kznwildlife.com,
www.hluhluwe.info

3 Ukhahlamba Drakensberg Park

Etwa 1000 km erstreckt sich der Gebirgszug der Drakensberge von Lesotho im Süden bis zum Kruger National Park im Norden. Der südliche Teil, die Natal-Drakensberge, ist mit Gipfeln von über 3000 m (Champagne Castle 3377 m) der weitaus höhere und dramatischere. Wanderer finden in den Drakensbergen zahlreiche gut markierte Wege unterschiedlicher Schwierigkeitsgrade; Wanderkarten und -broschüren sind in den Camps an den Zugangstoren erhältlich. Im gesamten Gebiet ist eine Vielzahl von Felsbildern der San erhalten. Die UNESCO hat auch diesen Nationalpark zum Weltnaturerbe erklärt. Zu den eindrucksvollsten Sehenswürdigkeiten zählt das Amphitheater im nördlichen Royal Natal National Park (Zufahrt über das Mont-aux-Sources-Ferienzentrum). Die 5 km lange, 500 m nahezu senkrecht abfallende Felsbarriere schmückt Südafrikas höchster Wasserfall, der Tugela Fall. In den südlichen Drakensbergen lohnt unbedingt ein Aufenthalt im **Giant's Castle Nature Reserve** zu Füßen von Champagne Castle und Giant's Castle (3315 m). In der Main Cave, der am leichtesten zugänglichen Höhle, sind etwa 500 Felsbilder der San erhalten (https://thedrakensberg.net, tgl. 9.00–15.00 Uhr, geführte Touren ab Main Camp zu jeder vollen Stunde).

UNTERKÜNFTE

KZN Wildlife betreibt mehrere Camps (www.kznwildlife.com). Empfehlenswert ist das entzückende B & B **€ € Acorn Cottages** im Champagne Valley (Winterton, www.facebook.com/acorncottages); komfortabel ist die **€ € Andes Guest Farm** (Welgelegen Farm, www.andesclarens.co.za) bei Clarens.

UMGEBUNG

Zwischen Drakensbergen und Küste fanden im 19. Jh. zahlreiche blutige Schlachten zwischen Voortrekkern und Zulu statt. Eine „Straße der Schlachtfelder" (www.battlefieldsroute.co.za) verbindet all diese Orte miteinander. Weniger kriegerisch gibt das **Himeville Museum** ausführlich über Alltag und Kultur der Voortrekker und die verschiedenen Volksgruppen Auskunft (Himeville, Arbuckle Street, www.facebook.com/HimevilleMuseum, Di.–Sa. 9.00–15.00, So. 9.00–12.30 Uhr).

Tipp

Perlen und mehr

In King William's Town, 60 km westlich von East London, bringt das Amathole Museum in seiner exzellenten Xhosa Gallery Besuchern die Vielfalt und Spiritualität der Xhosa-Kultur näher.

INFORMATION

Albert Rd., Mo.–Do. 8.00–16.30, Fr. bis 16.00 Uhr, www.museum.za.net

Endlose Weite an der Hibiscus Coast unweit von East London, majestätische Felslandschaften in den Drakensbergen

4 – 5 Durban

Dicht an dicht ragen die Wolkenkratzer im Zentrum von 4 **Durban** (eThekwini) über die wenigen noch erhaltenen Kolonialbauten der Hafen- und Urlaubsmetropole am Indischen Ozean. Kilometerlange weiße Sandstrände säumen die Küste. In der lebhaften Stadt (ca. 800 000 Einw.) verbinden sich afrikanische, indische und englische Kultur zu einer dynamischen Mischung.

SEHENSWERT/MUSEUM

Zentrum und Indisches Viertel: Um die Grey Street sind in der prunkvollen, 1904 vollendeten **Juma Mosque,** am lebhaften **Victoria Street Market** (Mo.–Fr. 8.00–17.00, Sa. bis 16.00, So. 9.00–15.00 Uhr) und an der **Madressa Arcade** die indisch-orientalischen Einflüsse lebendig. Im Stadtzentrum zieht die Kupferkuppel der 1910 errichteten **City Hall** am Francis Fairwell Square die Aufmerksamkeit auf sich. Das lebhafte Einkaufszentrum **The Workshop** in ehemaligen Eisenbahngebäuden ist ein beliebter Treffpunkt in Durban. Im **Kwa Muhle Museum** unternehmen Besucher einen Zeitsprung in die Ära der Apartheid (130 Bram Fischer Rd, Tel. 031 11 22 37, Mo.–Fr. 8.30 bis 16.00, Sa. 8.30–12.00 Uhr).
Beach Front: Rund 8 km lang sind die breiten Sandstrände, an denen dank des milden Klimas das ganze Jahr über Saison ist. Hainetze und Bademeister sorgen für die Sicherheit von Badenden und Surfern. Mittelpunkt der Beach Front ist die von Hotels gesäumte **Golden Mile** zwischen Snell und Erskine Parade. An ihrem südlichen Ende lockt die **uShaka Marine World** Besucher in einen Vergnügungspark zum Thema Wasser. Im Riesenaquarium drehen Haie ihre Runden (www.ushakamarineworld.co.za; bei Redaktionsschluss geschl.; aktuelle Infos s. Website).

ERLEBEN

Durban ist ein Paradies für **Surfer;** Anfänger erlernen bei Learn 2 Surf am Addington Beach die richtige Balance (Mobiltel. 083 4 14 05 67, www.learn2surf.co.za).

RESTAURANTS & UNTERKÜNFTE

Im winzigen, einfach eingerichteten **€ House of Curries** (275 Florida Rd., Tel. 82 2 33 07 69, Mo.–Fr. 10.00–20.00, Sa. ab 12.00 Uhr) serviert man Bunny Chows und höllisch gewürzte Currys. Beäugt von Haien speist man im Restaurant **€ € € Cargo Hold** in der uShaka Marine World.
Etwas außerhalb und ruhig gelegen bietet das **€ € De Charmoy Estate** Erholung vom Großstadttrummel (7, Mount Argus Road, www.riverside.decharmoy.co.za).
Am Strand liegt das **€ € € Blue Waters** (Snell Parade, www.bluewatershotel.co.za).

UMGEBUNG

Auf der Fahrt von Durban ins 75 km westlich gelegene Pietermaritzburg passiert man den Südrand des **Valley of Thousand Hills,** in dem sich Hügelketten zu einem idyllischen Landschaftsbild staffeln. Spaß macht es, das Tal mit der Umgeni-Dampfeisenbahn zu durchqueren (in der Saison jedes letzte Wochenende im Monat; https://umgenisteamrailway.com).
In 5 **Pietermaritzburg** hat sich das britische Erbe in den Backsteinbauten von Rathaus, Old Colonial Building, Old Government House und ehemaligem Gerichtsgebäude (Tathan Gallery) erhalten. Parks, Grünanlagen und blühende Jacarandabäume schmücken das historische Zentrum. Fliegende Händler und Marktstände sorgen für Flair.

INFORMATION

Tourist Information Durban
1 King Shaka Avenue, Point (uShaka Marine World), Tel. 031 3 22 28 58
www.zulu.org.za
https://visitdurban.travel

6 Wild Coast

Ihren Namen verdankt die Küste zwischen East London und Port Edward dem Umstand, dass an dem teils sehr felsigen Abschnitt zahlreiche Schiffe untergingen. Geprägt von kleinen Siedlungen, weiten Sandbuchten und zahllosen Flussmündungen ist es eine Region von unspektakulärer, stiller Schönheit.
Der früher unter dem Namen Transkei bekannte Landstrich ist Heimat der Xhosa, die traditionell als Ackerbauern und Viehzüchter lebten.

SEHENSWERT
Mittelpunkt der Wild Coast ist das Städtchen **Port St. John's** und seine mit tropischer Vegetation umgebene Lagune. Viele Backpackerunterkünfte sprechen Individualreisende an. Im 6 km südl. gelegenen **Silaka Nature Reserve** entfaltet die Flora des rauen Küstenabschnitts ihre ganze Pracht; Antilopen und die scheue Kapotter sind an der Küste und in Wäldern beheimatet. Wanderwege durchkreuzen das Naturidyll, zahlreiche Vogelarten machen es zu einem Dorado für Ornithologen. **Mthata** (210 000 Ew.), 100 km landeinwärts, war Hauptort der Transkei, die als Homeland im Apartheidsstaat existierte, ist heute aber wenig einladend. Den Besuch des **Nelson Mandela Museums** sollte man im Rahmen einer organisierten Tour (www.imontitours.co.za) buchen, die Mvezo und Qumu (S. 77) einschließt.

7 East London/ Buffalo City

Deutsche Soldaten gründeten die Stadt an der Mündung des Buffalo River. Nach dem Krim-Krieg hatte man ihnen Land versprochen, das sie dann an der Südostküste Afrikas besiedeln durften. East London (267 000 Einw.) hat ein kleines, übersichtliches Zentrum, in dem der prunkvolle viktorianische Bau der City Hall (Oxford/Argyle Streets) alle anderen kolonialen Relikte wie den Bahnhof von 1877 überstrahlt. Am Strand signalisieren Fahnen am Whale Deck, ob vor der Stadt Wale zu sichten sind.

MUSEUM
Im **East London Museum** ist die Kultur der Xhosa Thema einer Ausstellung. Hauptexponat aber ist ein ausgestopfter Quastenflosser (Coelacanthus), der seit 50 Mio. Jahren ausgestorben sein sollte – bis eine Kuratorin 1938 ein Exemplar als Beifang entdeckte (Dawson Rd., Mo.–Fr. 9.00–16.00, Sa. bis 13.00 Uhr, www.elmuseum.za.org).

UMGEBUNG
Grahamstown (Makhanda), rund 170 km südwestlich, ist auf dem besten Weg, eine angesagte Stadt zu werden. Das hübsche, von Kolonialarchitektur geprägte Zentrum, die Studierenden der Rhodes University und immer mehr Künstler schaffen eine entspannte Stimmung. Vier ambitionierte Museen – Observatory Museum (Bathurst Street, astronomische Geräte, viktorianische Einrichtung), History Museum (Sommerset Street), Natural Science (Somerset Street, Frühgeschichte) und National English Literary Museum (Beaufort Street, englischsprachige Literatur aus Südafrika) – werden gemeinsam verwaltet (www.am.org.za, Kernzeiten Mo.–Fr. 9.00–16.30 Uhr). **€ € Major Fraser's** gilt als beste Adresse für Pizza, Burger und Craftbier (38 Somerset Street).

INFORMATION
www.visiteasterncape.co.za
www.eastlondon.org.za

BEGEGNUNG MIT HIPPOS

Die facettenreiche Landschaft des iSimangaliso Wetland Parks betrachten die meisten Besucher vom Land aus. Wie wäre es mit einer Kajaktour – Fischen, Vögeln und Hippos ganz nah!

Die Sonne hat den Morgendunst noch nicht durchdrungen; irgendwo in der Bucht schnattern Zwergenten. Joe hat seine Seekajaks am Ufer aufgereiht, gibt einen Grundkurs in Paddeltechnik; und schon geht's los zu einer Tour durch das Mündungsdelta des Kosi River. Seit Jahrhunderten stellt das Volk der Thonga hier Fischreusen, Thonga Fishkraals, auf. Und durch das Labyrinth dieser aus Schilf geflochtenen Hindernisse bahnt die Kajak-Gruppe sich ihren Weg. Joe nutzt die Gelegenheit, um über die traditionellen Fangmethoden zu berichten – einmal in der Reuse gefangen, werden die Fische mit Speeren erlegt.

Weiter geht's zwischen die Mangroveninseln, für die Kosi Bay berühmt ist. Sechs Mangrovenarten wachsen hier ... „Da, ein Kingfisher!", flüstert Joe. Der strahlend blaue Eisvogel guckt – und fliegt davon. Weiter durch das Labyrinth und in den Kukalwe River geschwenkt, lässt Joe stoppen und lauschen. Der Zufluss der Kosi Bay gilt als Hotspot der Vogelwelt, und prompt stolzieren ein paar Rosaflamingos vorbei. Der Schrei eines Seeadlers zieht die

Ein Höhepunkt der Kajaktour im Wetland Park: all den Geräuschen lauschen....

Blicke nach oben. Plötzlich gerät das Wasser in Bewegung, Balance halten, ganz ruhig, mahnt Joe, drüben sind Hippos. Drei sich träge bewegende Flusspferde tauchen auf. Bloß nicht kentern!

Das ist ganz schön aufregend; die Gruppe ist froh, als sie wieder „sichere" Gewässer und die Fishkraals erreicht. Wo ein Fischer gerade einen Red Snapper auf seinem Speer aus dem Wasser zieht. Der landet vielleicht abends auf dem Grill der Thobeka Lodge, der einfachen, sympathischen Unterkunft an der Bay.

Safari & Surf Wilderness Adventures / Kosi Bay Kayaking Safari: https://safariandsurf.com/kosi-bay-kayaking, Dauer: 2 Std., ca. 350 R/Person
Thobeka Lodge: €, Route 22, Kosi Bay, https://kosi.co.za/, einfache Hütten/Campen

Kruger National Park

*

VON ELEFANTEN UND JÄGERN

*

Natur pur: Südafrikas größtes Wildparadies, der Kruger National Park, und gleich daneben das faszinierende Blyde River Canyon Nature Reserve geizen nicht mit Superlativen. Hier die Big Five wie auf dem Präsentierteller, dort bizarre Erosionsskulpturen, Schluchten und Wasserfälle.

Impala-Antilopen leben in den offenen Baum- und Grassavannen des südlichen Afrikas.

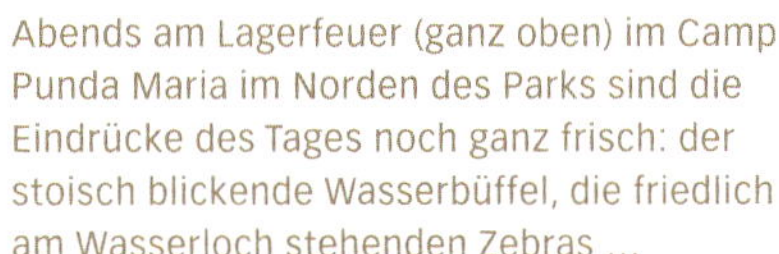

Abends am Lagerfeuer (ganz oben) im Camp Punda Maria im Norden des Parks sind die Eindrücke des Tages noch ganz frisch: der stoisch blickende Wasserbüffel, die friedlich am Wasserloch stehenden Zebras …

Wie von Geisterhand in die wilde Szenerie gestellt wirken die Elefanten, die man nach langer Fahrt durch den Park auch noch zu Gesicht bekommt.

AUF SAFARI IM KRUGER NATIONAL PARK: GANZ LANGSAM LÄSST ER SEIN FAHRZEUG WEITERROLLEN. DANN HOLT ER SEIN FERNGLAS HERAUS. ER HAT ETWAS ERSPÄHT.

Psst", bedeutet Ed, der Wildnisguide, seiner Gruppe. „Please be quiet now!" Was er wohl sieht? Seit zwei Stunden cruisen die acht Touristen in einem offenen Safarifahrzeug durch den Kruger National Park. Es war bislang keine sehr ergiebige Pirschfahrt, zumindest aus Sicht der Passagiere. Zahlreiche Nyala-Antilopen haben sie aufgeschreckt, ein paar Kudus und Giraffen sind ihnen begegnet, mehrere Schildkröten, eine Meute Wildhunde, ein weit entferntes, kaum noch zu erahnendes Breitmaulnashorn und eine Vielzahl von Vögeln. Aber Elefanten und Löwen, für die Kruger doch berühmt ist: Fehlanzeige. Dabei hat Ed sich wirklich Mühe gegeben. Die Wildhunde waren in seinen erfahrenen Augen eine Sensation, aber die Gruppe will Löwen! Nun also leise. Der hünenhafte weißhaarige Mann drosselt die Geschwindigkeit. Ganz langsam lässt er sein Fahrzeug weiterrollen, dann holt er sein Fernrohr heraus. Er hat etwas erspäht, da sind sie: Ein Löwenpärchen ruht entspannt turtelnd wenige Meter von der Straße entfernt im Gras.

WILDREICHTUM KONTRA ARTENSCHUTZ

Ed macht den Motor aus und gibt eine Einführung in Wildmanagement, während die Löwen ungerührt weiterdösen. Dass im Kruger auf einer Fläche von rund 20000 Quadratkilometern etwa 13000 Elefanten leben, erzählt er, viel zu viele für den durch Wildzäune eingeschränkten Lebensraum. Dass Fachleute schon seit Jahren dafür plädieren, die Dämme – also die künstlich angelegten Wasserlöcher – trockenzulegen, damit das Wild weitere Wanderungen unternehmen muss auf der Suche nach Wasser. Denn so, wie es jetzt ist, frisst es nur das Areal um die Wasserstellen leer. Tatsächlich gleichen manche Regionen einer Wüstenei. „Es ist alles nicht so einfach, wie man es sich bei euch vorstellt", belehrt Ed seine Gruppe. „Tierschutz schön und gut, aber wir müssten die Hälfte unserer Elefanten eigentlich abschießen, weil sie die Natur und damit den Lebensraum anderer Wildtiere im Nationalpark belasten." Man hat es mit Empfängnisverhütung versucht, aber im Kruger mit seinen riesigen Herden war dies nur ein Tropfen auf den heißen Stein.

„Culling", so nennen sie hier den kontrollierten Abschuss, war eine Zeit lang verboten, wird seit 2007 aber wieder praktiziert.

„Wir betäuben die Elefanten, bevor wir sie erschießen", versichert der Guide. Und wo sind sie jetzt, die grauen Riesen? Weiter geht's! Ed startet den Motor – Fehlanzeige. Ein ruckendes Stottern, dann nichts mehr.

Flusspferde in einem Wasserloch in der Nähe des Camps Lower Sabie, im Süden des Parks

Ein Leopard hat einen Springbock erlegt und verzieht sich mit seiner Beute auf einen Baum.

Auch die Breitmaulnashörner im Süden des Parkgeländes ziehen sich in der Mittagshitze gerne an ein möglichst schattiges Plätzchen zurück.

Unterwegs mit einem Ranger in der Nähe des Camps Berg-En-Dal im Süden des Kruger National Park

Special

WELTERBE CONTRA TAGEBAU

Streit um Mapungubwe

Es ist nur ein unscheinbarer Hügel im abgelegenen Grenzgebiet von Südafrika, Botswana und Simbabwe. Und doch eröffnete er den Archäologen einen ganz neuen Blick auf Afrikas Geschichte.

1932 wurden hier nämlich reich ausgestattete Gräber entdeckt. Die Toten trugen kostbaren Goldschmuck und waren mit Grabbeigaben beerdigt, die aus Arabien und China stammen. Der Hügel von Mapungubwe gab Spuren eines Königreichs frei, das vor Great Zimbabwe, der ältesten bis dato bekannten südafrikanischen Hochkultur, existierte. Man nimmt an, das Mapungubwe von 1050 bis Ende des 13. Jahrhunderts in Blüte stand und Handel bis zur ostafrikanischen Küste trieb. 1994 richtete die Regierung einen Nationalpark um die Ausgrabungsstätte ein, 2002 rief der damalige Präsident Thabo Mbeki den Mapungubwe-Orden als höchsten des Landes ins Leben und verlieh ihn an Nelson Mandela. Im Jahr 2003 erklärte die UNESCO die Ruinen und Gräber zum Weltkulturerbe. Nichtsdestotrotz genehmigte sieben Jahre später die südafrikanische Regierung Kohle-Tagebau gleich neben dem Hügel. Es gab heftige Proteste, auch seitens der UNESCO. 2011 stoppte ein Gericht das Projekt, doch schon Mitte 2012 wurde die erste Ladung Mapungubwe-Kohle nach Asien geliefert – seither tobt ein erbitterter Streit.

Affenbrotbaum im Nationalpark Mapungubwe

Plötzlich wird die Situation brenzlig. Keine zehn Meter von den beiden Löwen entfernt im offenen Auto, und der Motor ist defekt! Die Schrecksekunde dehnt sich in die Länge. Ed steigt aus und schraubt am Vergaser herum. Was wäre, wenn ...? Auch ihm ist die Situation nicht geheuer. Endlich hören wir ein asthmatisches Keuchen und der Motor läuft. Wenige Kilometer weiter sehen wir dann endlich auch eine Elefantenherde, friedlich äsend und junge Bäume umstürzend – als sollte uns damit „live" demonstriert werden, welche Zerstörung diese grauen Riesen anrichten können.

VOM JAGDGEBIET ZUM NATIONALPARK

1998 feierte der Kruger National Park sein hundertjähriges Bestehen. Als der Präsident der Republik Transvaal, Paul Kruger, 1898 die Einrichtung des Sabie-Naturschutzgebiets verfügte, hatte er allerdings weniger den Artenschutz im Sinn. Ihm ging es vielmehr darum, die Wilderei einzudämmen, die Jagd zu kontrollieren und nur Privilegierte zuzulassen – Kruger war ein passionierter Großwildjäger. Unter dem Wildwart James Stevenson-Hamilton gewann ab 1902 der Schutzgedanke zunehmend an Gewicht; 1927 empfing der durch Zukäufe vergrößerte Kruger National Park seine ersten Besucher. Heute durchstreifen jährlich

Szenen aus dem Kruger National Park, im Uhrzeigersinn von ganz oben links: Hütten im Camp Pretoriouskop, Löwen im Nachmittagslicht, Sonnenaufgang in der Nähe des Camps Satara, Tüpfelhyäne mit Jungen in der Nähe des Camps Balule, Giraffen in der Nähe des Camps Satara

Vorsicht, Wildwechsel – damit ist im Kruger National Park immer zu rechnen: Elefanten queren die Straße (in der Nähe des Camps Satara).

IM KRUGER NATIONAL PARK LEBEN AUF EINER FLÄCHE VON 20 000 QUADRAT-KILOMETERN ETWA 13 000 ELEFANTEN.

Lisbon Falls im Blyde River Canyon

Bourke's Luck Potholes
im Blyde River Canyon

Nachwuchsdigger in der ehemaligen
Goldgräbersiedlung Pilgrims Rest

Überbleibsel des Goldrauschs: Pilgrim's Rest

»DIE VERGANGENHEIT STEHT VOR MIR, WEIL ICH SIE SEHEN KANN. DIE ZUKUNFT IST HINTER MIR, WEIL ICH SIE NICHT ERKENNEN KANN. UND ICH GEHE RÜCKWÄRTS DURCH MEIN LEBEN.«

Weisheit der San

1,5 Millionen Menschen den Nationalpark mit dem Auto oder auf geführten Wildnistouren zu Fuß.

JÄGER UND SCHÜRFER

Schon lange vor den ersten Weißen war das heute als Nationalpark geschützte Gebiet Jagd- und Lebensraum der San. In kleinen Familienverbänden zogen die Halbnomaden durchs Buschveld, sammelten essbare Pflanzen und jagten Wild. Um das 6. Jahrhundert herum wanderten die ersten sesshaften Völker, die Nguni, in die Region. Nach und nach wurden die San aus ihrem Lebensraum verdrängt, zogen sich in Gebirgsregionen wie die Drakensberge zurück.

Der gewaltige Gebirgsstock wächst wie eine Wand aus dem Lowveld, der Tiefebene des Kruger National Parks, empor und türmt sich hier zu Felszinnen von über 2000 Meter Höhe auf. Weiter südlich an der Grenze zu Lesotho erreichen seine Gipfel sogar Höhen von über 3500 Meter. Er bildet die östliche Abbruchkante, mit dem das zentrale Hochplateau zu den Küstentiefländern abfällt.

Wasserfälle stürzen in die Tiefe und Flüsse haben dramatische Schluchten in das Hochland gefräst – der Canyon des Blyde River gilt mit 26 Kilometer Länge und bis zu 800 Meter Tiefe als drittgrößter der Welt. In seinen Höhlensystemen bezeugen Spuren, dass hier schon in grauer Vorzeit Menschen lebten. Die Erinnerung an den Goldrausch, der die Transvaaler Drakensberge fast 100 Jahre lang, bis 1972, in Atem hielt, bewahrt das Museumsdörfchen Pilgrim's Rest mit einigem historischen Gerät, einem nostalgischen Hotel und „Jimmy's Bar", an deren Tresen Generationen von Schürfern ihre freudigen oder verzweifelten Kommentare hinterließen.

GOTTES FENSTER AUF DIE WELT

In Jahrmillionen hat die Erosion in den Drakensbergen eigenwillige Gesteinsformationen geschaffen: die Drei Rondavels beispielsweise – Bergkuppen, die aussehen wie Hütten und den Canyon an einer malerischen Stelle überragen – oder Bourke's Luck Potholes, die Geröll und Wasserstrudel am Zusammenfluss von Blyde und Treur River aus dem Sandstein geschliffen haben. Höhepunkt ist God's Window, durch das man in 1829 Meter Höhe auf das Tiefland schaut.

Ob die einst hier oben stehenden San auch bewegt waren von der Majestät dieser Landschaft? Vielleicht. Auf jeden Fall wussten sie scharfäugig das Land nach Wildherden abzusuchen. Was sie erspähten, verewigten sie in Malereien und Gravuren auf den Felsen. Die Drakensberge sind voll davon.

Artenschutz

ASIENS UNSELIGER HUNGER NACH HORN

Wenige Themen werden so kontrovers diskutiert wie die Fragen des Artenschutzes. Elefanten und Nashörner stehen dabei im Fokus; die Forderung nach einer Freigabe des Handels mit Elfenbein und Horn entzweit regelmäßig die von Wilderei betroffenen Länder.

Brian Jones hat einen berühmten Freund. Deshalb ist seine Farm Moholoholo am Rand des Kruger National Parks auch in aller Munde. Denn der große südafrikanische Autor Deon Meyer hat Moholoholo eine zentrale Rolle in seinem Krimi-Bestseller „Weiße Schatten" zugewiesen: Es geht um Wilderei, vergiftete Geier, Mord und Artenschutz und bringt reichlich Publicity, die Moholoholo ganz gewiss gut gebrauchen kann.

Denn Jones kann nicht mit spektakulären Wilderer-Jagden aus dem Hubschrauber oder dramatischen Bildern von zuckenden Nashornleibern im Todeskampf Aufmerksamkeit erregen und damit Spendengelder sammeln. Er nimmt auf seiner Farm gänzlich unspektakulär verletzte, vergiftete oder verwaiste Wildtiere auf und engagiert sich besonders für eine nicht gerade sympathisch aussehende Spezies, nämlich Geier.

Geierköpfe, so lernen Besucher auf Moholoholo, werden in den traditionellen afrikanischen Kulturen zum Wahrsagen verwendet. Dieser Aberglaube brachte den Kapgeier an den Rand der Ausrottung.

FOLGENREICHER ABERGLAUBE

Ein anderer Aberglaube macht den Rhinos den Garaus. Als irgendwo in Ostasien ein Politiker sein Krebsleiden angeblich dank einer aus Nashornpulver gemixten Medizin überstand, bedeutete dies das Todesurteil für Afrikas Nashörner. 2016, dem vorläufigen Höhepunkt der Wilderei, wurden 1054 Tiere abgeschlachtet. Die Zahlen für 2023, 500 getötete Rhinos, signalisieren, dass Schutzmaßnahmen greifen. Die Jagd auf die Wilderer, das Austrocknen der Märkte und das vorsorgliche Enthornen der Tiere zeigen erste Erfolge, und trotzdem steht die Spezies am Rande des Aussterbens. Dass die Preise pro Kilogramm Horn signifikant gefallen sind, bewirkt nicht viel – den Wilderern bleibt immer noch genug Profit.

LEGALIZE IT?

Die Hilflosigkeit gebiert eigenwilligste Theorien: Südafrikas damalige Umweltministerin Edna Molewa

Im Wildlife Rehabilitation Centre der Moholoholo Lodge in der Nähe von Hoedspruit lernen Freiwillige den Umgang mit Wildtieren.

Einige Tiere können nicht mehr in die Wildnis entlassen werden, weil sie sich zu sehr an Menschen gewöhnt haben und sich sogar streicheln lassen.

überlegte 2017, den Handel mit Horn zu legalisieren – immerhin liegen in privaten wie staatlichen Lagern 20 Tonnen Horn von verendeten Nashörnern. Würde man damit Asiens Märkte überschwemmen, wäre es vorbei mit Schwarzhandel und Wilderei. Gleiches gilt für Elfenbein. Wobei der strenge Schutz von Elefanten Südafrika ein kapitales Problem beschert hat: Viel zu viele Dickhäuter treten sich in viel zu kleinen Naturreservaten auf die Füße und zerstören ihren eigenen Lebensraum sowie den anderer Tiere und Pflanzen.

AUFKLÄRUNG IM BUSCH

Da der südafrikanische Staat die Herkulesaufgabe Artenschutz alleine nicht meistern kann, engagieren sich auch viele private Farmen und Wildreservate: Im Hoedspruit Endangered Species Centre widmet sich beispielsweise Lente Roode neben Geparden auch Wildhunden und Südlichen Hornraben.

KRANKENSTUBE FÜR GEPARDEN

Auch andere Initiativen versuchen, Artenschutz und Umwelterziehung zu kombinieren. „Cheetah Outreach" engagiert sich im Schutz der in Südafrika kaum noch vorkommenden Geparde. Die pfeilschnellen Räuber machen allzu gerne Jagd auf Nutzvieh und werden von den Farmern sofort abgeschossen. Wenn die Tiere nur verletzt sind und sie Glück haben, werden sie zu „Cheetah Outreach" unweit von Somerset West am Ostkap gebracht. Hier päppelt das Team um Outreach-Gründerin Annie Beckhelling die Geparden auf und entlässt sie, wenn möglich, wieder in die Freiheit. Außerdem hat sie vielleicht einen Weg gefunden, wie der Mensch den Geparden ihren Lebensraum belassen kann, ohne dass die Farmer Verluste hinnehmen müssen: Die jagdlustigen Katzen – man glaubt es kaum – haben Angst vor Anatolischen Hirtenhunden. Sie nehmen schnellstens Reißaus, wenn sie von den mutigen Hütehunden angegriffen werden.

Reservate & Lodges

Moholoholo, 28 km südlich von Hoedspruit an der R531, Tel. 015 795 52 36, www.moholoholo.co.za, geführte Besichtigungen und verschiedene Unterkunftsmöglichkeiten
Hoedspruit Endangered Species Centre, 23 km südlich von Hoedspruit an der R 40, Tel. 015 7 93 16 33, https://hesc.co.za/, tgl. 2-stündige Führungen über das Gelände um 9.00 und 11.00 Uhr (nur nach telefonischer Voranmeldung). Die Tiere laufen nicht frei, sondern werden in eingezäunten Gehegen gehalten. Keine Unterkunft, kein Kuscheln mit Geparden!
Cheetah Outreach, Heartland's Paardevlei, an der N2 unweit der Somerset Mall, Tel. 082 872 40 07, www.cheetah.co.za

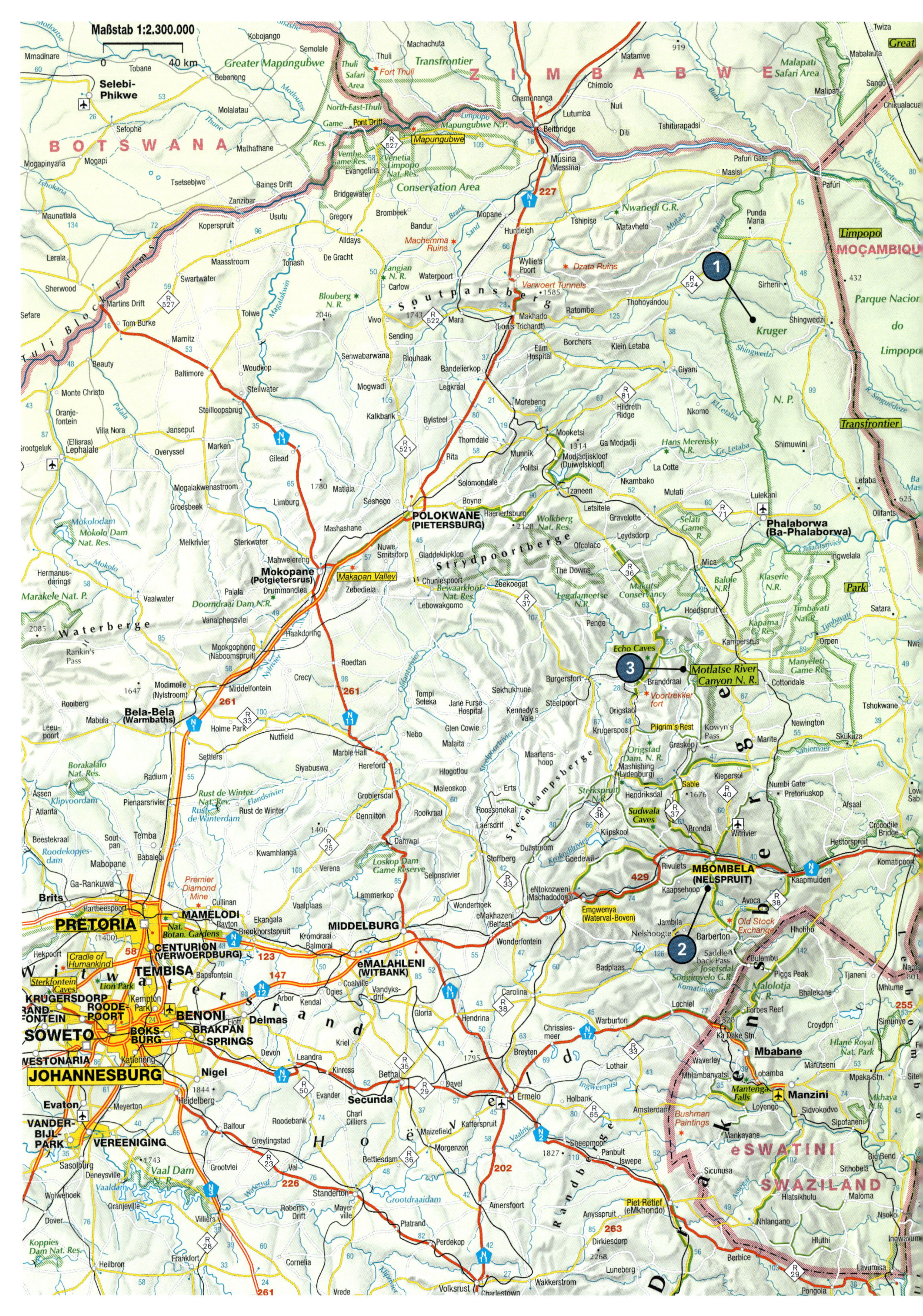

Maßstab 1:2.300.000
0
40 km
B O T S W A N A
Z I M B A B W E
MOÇAMBIQUE
Parque Nacional do Limpopo
Great Limpopo Transfrontier Park
eSWATINI
SWAZILAND
Selebi-Phikwe
Greater Mapungubwe Transfrontier Conservation Area
Mapungubwe
Mapungubwe N.P.
Pont Drift
Fort Tuli
Tuli Safari Area
Tuli Block Farms
Beitbridge
Musina (Messina)
Chikwarakwara
Mabalauta
Malapati Safari Area
Sango
Chicualacuala
Pafuri Gate
Pafuri
Punda Maria
Sirheni
Shingwedzi
Kruger N. P.
Soutpansberg
Makhado (Louis Trichardt)
Thohoyandou
Nwanedi G.R.
Blouberg N. R.
Machemma Ruins
Dzata Ruins
Verwoert Tunnels
Langjan N. R.
Waterpoort
Vivo
Alldays
Swartwater
Martins Drift
Tom Burke
Baltimore
Lephalale (Ellisras)
Marken
Gilead
Elim Hospital
Giyani
Klein Letaba
Hans Merensky N.R.
Modjadjiskloof (Duiwelskloof)
Tzaneen
Letsitele
Gravelotte
Phalaborwa (Ba-Phalaborwa)
Polokwane (Pietersburg)
Haenertsburg
Wolkberg Nat. Res.
Strydpoortberge
Mokopane (Potgietersrus)
Makapan Valley
Doornraai Dam N.R.
Zebediela
Chuniespoort
Lebowakgomo
Marakele Nat. P.
Waterberge
Vaalwater
Modimolle (Nylstroom)
Mookgophong (Naboomspruit)
Bela-Bela (Warmbaths)
Roedtan
Burgersfort
Echo Caves
Motlatse River Canyon N. R.
Branddraai
Voortrekker fort
Hoedspruit
Klaserie N.R.
Timbavati Nat. R.
Kapama Res.
Manyeleti Game Res.
Blyde
Orpen
Satara
Tshokwane
Ohrigstad
Pilgrim's Rest
Graskop
Kowyn's Pass
Marite
Newington
Skukuza
Lydenburg (Mashishing)
Sabie
Kiepersol
Numbi Gate
Pretoriuskop
Afsaal
Crocodile Bridge
Hectorspruit
Komatipoort
Sudwala Caves
Witrivier
Mbombela (Nelspruit)
Kaapmuiden
Kaapsehoop
Barberton
Old Stock Exchange
Nelshoogte
Saddleback Pass
Songimvelo G.R.
Malolotja N. R.
Piggs Peak
Mbabane
Manzini
Mantenga Falls
Hlane Royal Nat. Park
Mlawula
Siteki
Lobamba
Matsapha
Bushman Paintings
Nhlangano
Hlatikulu
Amsterdam
Piet Retief (eMkhondo)
Drakensberge
Steenkampsberge
Dullstroom
Belfast (eMakhazeni)
Machadodorp (eNtokozweni)
Emgwenya (Waterval-Boven)
Carolina
Chrissiesmeer
Ermelo
Bethal
Secunda
Hoëveld
Randberge
Standerton
Volksrust
Wakkerstroom
Middelburg
eMalahleni (Witbank)
Loskop Dam Game Reserve
Groblersdal
Marble Hall
Rust de Winter
Pretoria
Mameloldi
Nat. Botan. Gardens
Centurion (Verwoerdburg)
Tembisa
Premier Diamond Mine
Cullinan
Witwatersrand
Krugersdorp
Roodepoort
Randfontein
Soweto
Westonaria
Johannesburg
Benoni
Boksburg
Brakpan
Springs
Nigel
Heidelberg
Delmas
Vanderbijlpark
Vereeniging
Vaal Dam
Sasolburg
Cradle of Humankind
Sterkfontein Caves
Lion Park
Grootdraaidam
Perdekop
Charlestown
Koppies Dam Nat. Res.
Frankfort
Villiers
Heilbron
Limpopo
N1
N4
N11
N12
N17
N2
N3
1
2
3

WILDE TIERE UND GÖTTLICHE AUSSICHTEN

Limpopo und Mpumalanga, die beiden nordöstlichsten Provinzen Südafrikas, sind Siedlungsraum der Sepete, Ndebele und Zulu. Hier zeigt sich das Land von seiner wilden Seite, und das nicht nur im Kruger National Park. Großartige Naturlandschaften entfalten sich in den Kleinen Drakensbergen mit dem Blyde River Canyon.

1 Kruger National Park

Mit einer Größe von knapp 20 000 km² gehört der 1898 gegründete **Kruger National Park (Krüger-Nationalpark)** TOPZIEL zu den ausgedehntesten Schutzgebieten Afrikas. Das 350 km lange Reservat ist bis zu 90 km breit, grenzt im Osten an Mosambik und im Norden an Simbabwe. Im Westen säumen es private Wildreservate; viele haben ihre Zäune zum Nationalpark abgebaut, damit das Wild wandern kann. Seit 2002 ist der Kruger zusammen mit dem Ghonarezhou und dem Limpopo National Park in Simbabwe bzw. Mosambik Teil des Great Limpopo Transfrontier Park. Am touristischsten ist der südliche Bereich des Nationalparks zwischen Sabie und Olifants River, da sich dort die meisten Camps und Lodges befinden.

TIER- UND PFLANZENWELT

Der Kruger National Park ist einer der artenreichsten des südlichen Afrika. Hier sind die Big Five ebenso zu Hause wie 148 Säugetier-, 505 Vogel- und 118 Reptilienarten. Es kommen 160 000 Impalas, 13 000 Elefanten, zahlreiche Nashörner (darunter auch Spitzmaulnashörner), über 45 000 Büffel, 1700 Löwen und 2000 Leoparden hinzu. Auch Rudel der sehr seltenen Afrikanischen Wildhunde durchstreifen die Wildnis; ihre Zahl wird auf etwa 300 geschätzt. Wer Wildhunde oder einen der nur 150 Geparde erspäht, hat großes Glück gehabt. Die Vielfalt der Pflanzen steht jener der Tiere nicht nach. 336 Baumarten gibt es beispielsweise. Während der Mopanebaum mit seinen schmetterlingsförmigen Blättern am häufigsten in der nördlichen Hälfte vorkommt, dehnt sich im Süden lichtes, mit Büffelgras bestandenes Buschland mit verschiedenen Akazienarten, Korallen- und Marulabäumen aus. Entlang der Wasserläufe, die den Park fast alle von West nach Ost durchfließen, gedeihen Schilf und Galeriewälder. Die meisten fallen außerhalb der Regenzeit trocken.

Tipp

Außenposten

Ganz im Norden liegt mit dem **Makuleke Contract Park** ein in Zusammenarbeit mit der lokalen Volksgruppe der Makuleke erschlossenes Wildschutzgebiet. In den Camps – allen voran im so luxuriösen wie ungewöhnlich designten **€ € € Outpost** – arbeiten vorrangig Menschen aus der Region. Ein Teil der Erträge kommt der lokalen Gemeinschaft zugute. Dass ökologisch gewirtschaftet wird, versteht sich von selbst. Und das Camp ebenso wie die umgebende Landschaft sind einfach ein Traum!

Makuleke Contract Park
www.krugerpark.co.za

Während außerhalb der Zäune die Wildnis lauert, kann man sich in den Camps wie Pretoriouskop bedenkenlos frei bewegen.

TORE UND CAMPS

Der gesamte Park und die Camps (außer Wildniscamps) sind wildsicher eingezäunt. Die neun **Parktore** öffnen je nach Jahreszeit zwischen 5.30 und 6.30 und schließen zwischen 17.30 und 18.30 Uhr. Die gleichen Zeiten gelten auch für die Camps. An den Parktoren wird der Eintritt entrichtet (486 R/Tag). Die zwölf **Hauptcamps** gleichen Kleinstädten mit Tankstelle, Restaurants und Läden; einige besitzen sogar einen Pool. Geschlafen wird auf Campingplätzen, in Cottages oder komfortablen Safarizelten sowie in Bungalows mit oder ohne eigene Sanitäranlagen bzw. Küche. Eine Reservierung wird vor allem in den südafrikanischen Ferien dringend empfohlen (Tel. 012 4 28 91 11, Mo.–Fr. 7.30–17.00, Sa. 8.00–15.00 Uhr, www.sanparks.org/parks/kruger). Einige der Hauptcamps besitzen kleinere Satellitencamps, in denen sich die Übernachtungsgäste der Wildnis deutlich näher fühlen dürfen. Auch Bushveld-Camps bieten diese intensivere Erfahrung, besitzen außer Cottages und Stellplätzen aber keinerlei Infrastruktur.

KLIMA UND REISEZEIT

Das Klima des Nationalparks prägt eine heiße Regenzeit in den Sommermonaten zwischen November und April und eine kühle Trockenzeit im Winter. Die beste Zeit für die Tierbeobachtung sind die regenarmen Monate, weil das Wild sich dann in der Nähe der Flüsse bzw. der künstlich angelegten Wasserstellen aufhält und leichter gesichtet wird. Zudem ist die Gefahr einer Malaria-Infektion im Winter geringer – der Nationalpark ist Risikogebiet.

REGELN IM PARK

Besucher dürfen mit dem eigenen Auto auf Pirschfahrt gehen; offene Fahrzeuge, Fahrräder oder Motorräder sind jedoch verboten. Höchstgeschwindigkeit auf befestigten Straßen ist 50 km/h, auf unbefestigten 40 km/h. Außerhalb der dafür vorgesehenen Zonen darf man nicht aus den Fahrzeugen aussteigen. Alle Besucher müssen den Park vor der Schließung der Tore verlassen bzw. rechtzeitig die Camps angefahren haben; dafür sollte ausreichend Zeit eingeplant werden, denn nicht immer kommt man so schnell voran wie gedacht.

RESTCAMPS

Zu den wichtigsten und beliebtesten Restcamps im südlichen Teil zählen:
Lower Sabie: Das Camp unweit eines Stausees zieht in den Morgen- und Abendstunden Büffel, Elefanten, Warzenschweine und Löwen an. Auch zahlreiche Flusspferde kommen zur Tränke. Diverse Unterkunftsmöglichkeiten; je-

Zwerge und Riesen im Kruger National Park: Elefantenherde an einer Wasserstelle, Haubenbartvogel am Olifants-Aussichtspunkt

der Stellplatz mit eigenem Wasseranschluss.
Pretoriouskop: Eines der größten Rastlager in reizvoller, von Granitkuppen geprägter Landschaft. Hier kann man mit Sicherheit Breitmaulnashörner beobachten. Ein in Felsen eingefügter Pool sorgt für Erfrischung.
Orpen: Einfaches Camp ohne Restaurant unweit des Orpen Gate. Attraktiv sind die beiden im Busch verborgenen „Satelliten-Camps" Maroela und Tamboti, Letzteres am Hochufer über einem Flusslauf mit direkter Sicht auf das vorbeiziehende Wild.
Olifants: Hoch über dem Olifants River gelegen, mit fantastischem Blick aufs Buschveld, Flusspferde, Büffelherden, Giraffen, Kudus und Elefanten, viele Vögel. Kein Campingplatz.
Letaba: Etwas ruhiger als Olifants, aber ähnlich schön über dem Letaba River gelegen. Das Elephant Hall Museum im Camp stellt mächtige Stoßzähne berühmter Kruger-Elefanten aus.

UNTERKÜNFTE

Auf halbem Weg zwischen Blyde River Canyon und Kruger National Park bietet das **€ € Blyde Mountain Country House** (R531 Hoedspruit, 97/3, Tel. 072 480 13 34, www.blydemountainhouse.com) seinen Gästen mit reetgedeckten Bungalows in einem parkartigen Garten eine sehr angenehme Bleibe.

ERLEBEN

Selbstfahrer erleben den Kruger National Park auf eigene Faust und im selbstbestimmten Tempo. Vorteil: Man kann anhalten und Wild beobachten, wann und wie lange man dies möchte. Nachteil: Ohne Erfahrung fällt es oft schwer, Tiere im Busch zu erkennen.
Von den Camps organisierte Game Drives starten in den frühen Morgenstunden und am späten Nachmittag; einige bieten auch Nachttouren an. Von erfahrenen Guides geführt, sehen die Passagiere nicht nur wesentlich mehr Tiere, sondern lernen auch viel über diese.

UMGEBUNG

Westlich an den Nationalpark grenzen mehrere private Wildreservate, die meisten mit Luxuslodges und Unterkunft in eleganten Chalets oder Safari-Zelten mit allem Komfort. Die – hohen – Preise beinhalten Vollpension und alle Pirschfahrten sowie weitere Aktivitäten. Da die Guides die Tiere und das Areal ihrer Lodge sehr gut kennen, sind die Chancen spektakulärer Wildsichtungen höher als im Nationalpark. Empfehlenswerte Game Reserves sind beispielsweise **€ € Sabi Sabi** (Tel. 011 447 71 72, www.sabisabi.com) oder das Timbavati Private Game Reserve, dessen **€ € € Ngala Lodge** zu den schönsten der Region zählt (Tel. 011 809 43 00, www.andbeyond.com).

2 Nelspruit/ Mbombela

Die Hauptstadt der Provinz Mpumalanga ist mit etwas mehr als 20 000 Einwohnern das landwirtschaftliche Zentrum des Lowveld mit großen Obst- und Gemüsekulturen. Als Ausgangspunkt für Touren in den Kruger National Park und zum Blyde River Canyon ist der Ort ideal. Sehenswert ist der **Lowveld National Botanical Garden** mit der für das Tiefland charakteristischen tropischen Flora (Tel. 013 752 88 80, Sept.–März 8.00–18.00, April bis Aug. 8.00–17.00 Uhr). 35 km nördlich entführen die **Sudwala Caves** in die Frühgeschichte der Erde. Entstanden ist das Höhlensystem vor 240 Mio. Jahren. Es bot dem Homo Habilis Schutz, diente als Festung und Zuflucht in Auseinandersetzungen der Swazi-Völker und als Waffenlager im zweiten Burenkrieg (https://sudwalacaves.com, tgl. 8.30–16.30 Uhr). Im modernen Safaristil sehr persönlich eingerichtet ist das **€ € B & B Utopia in Africa** (6 Daleen St., Tel. 013 745 77 14, www.utopiainafrica.co.za).

SELBSTFAHRER ERLEBEN DEN KRUGER NATIONAL PARK AUF EIGENE FAUST UND IM SELBSTBESTIMMTEN TEMPO.

Tipp

Über dem Sabie River

Erst wenn der Gurt wirklich fest sitzt und der Schlitten kontrolliert ist, geht's los. Wie im Rausch rast man am Drahtseil hängend vom Startpunkt zur ersten Plattform über ein schier undurchdringliches, dichtes Blätterdach. So geht es weiter, von Plattform zu Plattform, mit Blick auf den Tropenwald und auf die glitzernden Mäander des Sabie River, bis das 1200 m entfernte Ziel auf der anderen Talseite erreicht ist. Nichts für Menschen mit Höhenangst – alle anderen haben einen Riesenspaß.

Das Seilrutschen-Abenteuer über dem Sabie-Tal veranstaltet: Skywaytrails, Perry's Bridge, Main Road, Hazyview, Tel. 082 825 02 09, www.skywaytrails.co.za

3 Blyde River Canyon

Den nördlichen Teil der Drakensberge, der den Kruger National Park begrenzt, nennen die Südafrikaner Klein- oder Transvaal-Drakensberge. „Klein", weil sie mit Höhen um 2000 m mit den über 3500 m aufragenden Riesen südlich nicht mithalten können, was sie aber nicht weniger imposant erscheinen lässt. Der Gebirgszug ist Teil des Escarpements – des Übergangs vom Hochland zum Lowveld im Osten. Während sich der Höhenunterschied von über 800 m hier schroff mit dramatischen Felsstürzen vollzieht, senkt sich das Hochplateau nach Süden und Westen kaum merklich zur Küste ab. Seit Jahrmillionen arbeiten die Kräfte der Erosion an dem auf einem Granitsockel aufgebauten Sandstein-Gebirge; Flüsse haben sich tiefe Schluchten gegraben, der Wind formte wundersame Skulpturen, die das **Blyde (Motlatse) River Canyon Nature Reserve** **TOPZIEL** zum besonders reizvollen Reiseziel machen.

PANORAMASTRASSE

Die gut ausgebaute R532 durchquert von Graskop aus das Naturreservat des Blyde River von Süd nach Nord. Abstecher führen zu sehenswerten Orten und Aussichtspunkten. Bereits nach wenigen Kilometern zweigt die R534 nach Osten ab. **God's Window** und **Wonder View** sind zwei fantastische Aussichtspunkte über dem 1000 m tiefer liegenden Lowveld. Hier tritt die Abbruchkante des Escarpements deutlich hervor. Sie markiert die Bruchstelle, an der der Urkontinent Gondwana vor 150 Mio. Jahren auseinanderbrach. Vom südafrikanischen Sockel lösten sich Madagaskar und die Antarktis. Etwa 300 Stufen von God's Window bergauf führen in ein kleines Stück tropischen Regenwald – ungewöhnliche Vegetation an einem ungewöhnlichen Ort.

Zurück auf der R532 bieten sich Abstecher nach Westen zu den **Lisbon Falls** (92 m) und **Berlin Falls** (45 m) an. Ein Stück weiter an der R532 markieren die **Bourke's Luck Potholes** den Zusammenfluss von Blyde und Treuer River. Das vom Wasser mitgeführte Gestein hat in den Sandstein eigenwillige, zylindrisch geformte Strudellöcher mit unterschiedlich gefärbten Gesteinsschichten geschliffen. Weiter nach Norden weisen Schilder den Weg zum Aussichtspunkt auf die **Three Rondavels.** Zu Füßen der drei Bergkegel strömt in 700 m Tiefe der Blyde River dahin; die Schluchtwände fallen nahezu senkrecht ab. Auf der Rückfahrt empfiehlt sich ein Abstecher in das ehemalige Goldgräberdorf **Pilgrim's Rest,** wo einige denkmalgeschützte Häuser (Royal Hotel, Druckerei, Kirche) an die bewegte Vergangenheit des Ortes erinnern. Der Goldabbau wurde hier erst 1972 eingestellt. Im Diggings Museum bekommen Besucher einen Eindruck davon, wie Gold geschürft wurde, und dürfen selbst ihr Glück versuchen (tgl. 10.00, 11.00, 12.00, 14.00, 15.00 Uhr). Tickets für die Museen (Druckerei, Haus-Museum, Dredzen Shop & House Museum) verkauft das Information Center (tgl. 9.00–16.00 Uhr, www.pilgrims-rest.co.za).

AUG' IN AUG' MIT DEM WILD!

Geführte Wildniswanderungen versprechen das wohl intensivste Naturerlebnis im Kruger National Park. Die Gruppen nähern sich dem Wild lautlos, kein Motorengeräusch stört die Tiere auf – einfach paradiesisch!

„Hi guys, let's go on a walk!" Lässig begrüßt Wayne – mit kurzer Hose, Khaki-Hemd und Südwester-Hut der Inbegriff eines Rangers – die Wandergruppe. Der „Spaziergang" führt nicht durchs Olifants Camp, sondern jenseits des sichernden Zauns in die Wildnis, und da gilt: Den Anweisungen des Guides ist unbedingt Folge zu leisten – Alleingänge können schlimm enden. Eng zusammenbleiben, leise sein, auf Kommando sofort zurückziehen, heißt die Devise. Wayne geht voraus, die Gruppe im Gänsemarsch hinterher. Schon nach fünf Minuten ein erster Stopp: Friedlich äsen zwei Kudus auf der Lichtung. Aber das ist es nicht, was Wayne elektrisiert. Weiter hinten, auf einem Granitbuckel, bewegen sich zwei schwarz getupfte gelbe Katzen. „Cheetahs", flüstert Wayne in die andächtige Stille und fasst sein Gewehr etwas fester. Aber die Geparde reagieren überhaupt nicht auf die Eindringlinge. In den folgenden zwei Stunden begegnet die Gruppe vielen

In kleinen Gruppen geht es bei Bush Walks durch die Savanne.

Nyalas, einem Breitmaulnashorn, einem Schlangenadlerpärchen und einer Warzenschweinfamilie.

Das Laufen durch die mit hohem Gras und Dornbüschen bestandene Landschaft vermittelt ein Gefühl absoluter Symbiose mit der Natur. Doch plötzlich: „Go! Go!", brüllt Wayne. Die Gruppe stürzt los, das aufgescheuchte Flusspferd hinterher. Wayne hatte am Fluss nach Elefanten gesucht und den äsenden Koloss übersehen. Gerade noch mal gut gegangen!

Bush Walks werden von allen großen Camps aus morgens und nachmittags angeboten und können vor Ort gebucht werden (700 bis 800 R/Pers.). In den frühen Morgenstunden stehen die Chancen, Wild zu begegnen, besonders gut. Lange Hosen, langärmelige Hemden und festes Schuhwerk sind wegen der Dornbüsche unbedingt zu empfehlen.

Johannesburg, Pretoria

GRAFFITI UND DIAMANTEN

Das Hochland birgt den heimlichen Reichtum des Landes: Gold, Diamanten, Uran. Hier liegen die größten Städte des Landes. Wo können Reisende das urbane Leben Südafrikas so konzentriert erleben wie hier? Und wo ließe sich sonst erfahren, was der Alltag in einer Township wie Soweto bedeutet, wo drei bis vier Millionen Menschen leben?

Eines der vielen Graffiti in Johannesburgs „South Western Township" (Soweto), die etwa 15 Kilometer südwestlich des Stadtzentrums beginnt.

Nelson Mandela Bridge im Johannesburger Stadtteil Newtown

Das Johannesburger FNB-Stadion – noch unter dem Namen „Soccer City" Austragungsort des Eröffnungsspiels der Fußball-WM 2010 – ist das größte Fußballstadion Afrikas.

In Soweto: „Wenn wir wahren Frieden in der Welt erlangen wollen, müssen wir bei den Kindern anfangen." (Mahatma Gandhi)

Nightlife: Jazzsession in einem Club in Johannesburgs Stadtteil Newton

Von der Anhöhe der Union Buildings betrachtet, liegt Pretoria unter einer zartlila Decke, als hätte sich der Künstler Christo seinerzeit die Stadt vorgenommen und sie mit violetten Spitzen umhüllt. Wenn im November die 70 000 Jacarandabäume in Südafrikas Hauptstadt blühen, verwandeln sie noch die tristesten Winkel der Metropole in ein Zauberreich. Von den altehrwürdigen Union Buildings, dem historischen Sitz des südafrikanischen Parlaments in den Wintermonaten, ist aber auch noch etwas anderes zu sehen: das Voortrekker Monument auf einem Hügel auf der anderen Seite der Stadt.

Was die Parlamentarier wohl bei dem Anblick dieses Tempels empfinden, der den unerbittlichen Überlebenswillen der Voortrekker heroisiert und ihren Sieg über die Zulu 1838 bei der Schlacht am Blutfluss feiert? Mit diesem Sieg erreichten die Buren das Ziel ihres Trecks: Sie hatten Land erobert, in dem sie eine eigene, von den Fesseln der englischen Kolonialherren befreite Republik gründen konnten. 3000 Zulu starben, unter den Buren gab es drei Verletzte, darunter ihr Anführer Andries Pretorius, der Namensgeber Pretorias. Nicht verwunderlich, dass die Metropolregion Pretoria bald nach dem Ende der Apartheid umbenannt wurde. Sie heißt jetzt Tshwane.

GANZ ENTSPANNT IM ZENTRUM

Die Statue einer anderen burischen Symbolgestalt dominiert den hübschen Church Square in Pretorias Zentrum. Paul Kruger hatte als Präsident von Transvaal verzweifelt gegen die britische Landnahme gekämpft und 1902 schließlich verloren. Dass er ein Rassist war, ist unbestritten; doch Südafrika verdankt ihm die Einrichtung des Sabie-Naturreservats, mit der der passionierte Jäger den Grundstein für den Kruger National Park legte. Sein martialisch gestaltetes Denkmal vermag zum Glück auch nicht die friedliche Idylle dieses Platzes zu stören, auf dessen Parkbänken mittags die Angestellten der umliegenden Büros die Sonne genießen oder auf dessen Rasen sie ein Schläfchen halten. Gesäumt wird die grüne Oase von herrschaftlichen Häusern im Stil der Neorenaissance: Justizpalast, Bankgebäude und der Republikeinse Raadsaal, in dem einst die Regierung residierte. Heute hat die Regierung ihren Sitz in den von Eduard Baker entworfenen Union Buildings oberhalb des Stadtzentrums. Nicht weit entfernt wohnen übrigens Präsident und Minister in von hohen Elektro- und Stacheldrahtzäunen gesicherten Villen. Diese brachialen Sicherheitsmaßnahmen wurden erst vor einigen Jahren ergriffen. Als Nelson Mandela und Thabo Mbeki die Präsidentschaft innehatten, war das Regierungsviertel noch keine Wagenburg. Mit Jakob Zuma und seinem Nachfolger Cyril Ramaphosa begann eine neue Ära.

WOHER DER RAND SEINEN NAMEN HAT

Witwatersrand, der Bergrücken des weißen Wassers, das Herzstück der ehemaligen Burenrepublik Transvaal, bildete mit seinen Gold- und Uranvorkommen lange Zeit die Grundlage für Südafrikas Reichtum. Der südafrikanische Rand verdankt seinen Namen diesem Höhenrücken und dessen Gold. Hier, in der heutigen Provinz Gauteng, entwickelte sich das bevölkerungsreichste städtische Ballungsgebiet Afrikas südlich der Sahara. Pretoria und Johannesburg sind mit ihren

JOHANNESBURG IST EINER DER WICHTIGSTEN FINANZPLÄTZE AFRIKAS.

Pretoria: Tshwane-Church Square mit dem Paul-Kruger-Denkmal von Anton van Wouw

Von den imposanten Union Buildings auf der Meintijeskop-Anhöhe blicken Südafrikas Parlamentarier auf die elegante Hauptstadt Pretoria mit ihrem futuristischen Zentrum.

Goin' Downtown: Die Innenstadt von Pretoria erwacht nach Jahren des Niedergangs zu neuem Leben.

Afrikas Antwort auf Las Vegas heißt Sun City. Nicht zufällig wurde die 1977 erbaute Fantasiestadt im Nordwesten von Johannesburg in der zeitgleich für unabhängig erklärten Republik Bophuthatswana, einem ehemaligen Homeland, errichtet. Hier galten liberalere Gesetze für das Glücksspiel.

Special

Ndebele

In der Tradition verwurzelt

Es gibt sie als Schlüsselanhänger und als Puppe – die aus bunten Perlen gefertigten Ndebele-Figürchen sind ein beliebtes Souvenir. Wo aber leben die echten Ndebele?

In der kargen Graslandschaft des Hochveld nordöstlich von Pretoria fallen ihre bunt bemalten Rundhütten sofort ins Auge. Abstrakte geometrische Muster rahmen vor allem den Eingang zum Gehöft. Früher schufen die Künstlerinnen diesen Wandschmuck aus natürlichen Farbstoffen der Erde, seit aber moderne Kunstfarben erhältlich sind, greifen die Frauen lieber zum strahlenden Tiefblau, zum kühlen Türkis, zum leuchtenden Rot und warmen Goldgelb. Die Dörfer sehen aus, als kämpfte dieses Volk von Rinderzüchtern mit allen Farben des Regenbogens gegen das Graubraun der Landschaft an. Auch ihre charakteristischen Wolldecken und der reiche Perlenschmuck sind kunterbunt mit grafischen Motiven gestaltet.

Im Mapoch Ndebele Cultural Village

Die meisten Ndebele führen ein stark in den Traditionen verwurzeltes Leben. In jedem vierten Jahr werden junge Männer gemeinsam initiiert. Für drei Monate verschwinden sie im Busch, bis sie schließlich mit der Beschneidung den „Fluss" zwischen Kindheit und Erwachsensein „überqueren". Die Mädchen hingegen ziehen sich ins Haus zurück und lernen dort von der Mutter die Techniken der Wandmalerei und der Perlenstickerei.

Industriesiedlungen zu einer Metropolregion mit offiziell fast acht, Schätzungen zufolge knapp 13 Mio. Einwohnern zusammengewachsen. Sie erwirtschaften etwa ein Drittel des südafrikanischen BIP. Johannesburg ist einer der wichtigsten Finanzplätze Afrikas; in Industrieorten wie Vereeniging wird Kohle abgebaut und Eisen verhüttet. Riesige Staudämme speichern Wasser, um den enormen Durst von Gautengs Industriebetrieben zu stillen. Einer Untersuchung zufolge liefert Gauteng 80 Prozent der in Südafrika erforderlichen Energie, eine andere besagt, dass die Menschen hier das höchste Durchschnittseinkommen des Landes haben. Die Dynamik dieser Region ist allerorten zu spüren, besonders aber in Johannesburg, diesem monströsen Stadtgebilde, das von West nach Ost zu durchwandern angeblich drei Tage dauern würde.

NEUES LEBEN FÜR DIE GEISTERSTADT

Lange Zeit war das Zentrum Johannesburgs, der Central Business District (CBD), eine Geisterstadt mit hoher Kriminalität. Geschäfte, Büros und Unternehmen waren ab Ende der 1980er-Jahre in einen Nobelvorort umgesiedelt, das feine Sandton im Norden. 2001 zog sogar die Johannesburger Börse um. Die City gehörte Armen, Drogendealern und

Die Diamantfundstätten um Kimberley – hier: The Big Hole, aus dem bis 1914 Diamanten gefördert wurden – liegen nicht oberirdisch in Flussläufen, wie in anderen Regionen, sondern in Kimberlit-Gestein eingeschlossen in einem erstarrten vulkanischen Schlot.

Typischer Verandastil an der ehemaligen Villa der Familie Oppenheimer, …

… die fast 100 Jahre lang als reichste Familie der Kaprepublik den weltgrößten Diamantenförderer De Beers dominierte. Erst 2011 endete die Ära durch den Verkauf der Anteile an Anglo American.

Squattern. Seit einigen Jahren gibt es massive Maßnahmen, die den Trend umkehren. Künstler und Investoren haben das Zentrum wiederentdeckt und richten sich neu ein. Die einen mit Netz und doppeltem Boden, sprich hochgerüsteten Sicherheitsanlagen, wie sie etwa Jonathan Liebmanns Künstlerquartier „Arts on Main" bewachen, in dem seit 2009 auch Südafrikas berühmtester Fotokünstler William Kentridge residiert. Die anderen im Vertrauen darauf, die Spirale von Angst und Gewalt ohne Abschottung durchbrechen zu können. Adam Levy ist einer dieser Visionäre: Sein Immobilienbesitz im Stadtteil Braamfontein – ebenfalls ein Künstler- und Designerareal – ist ungesichert. Die Leute sollen Spaß haben und die Angst vergessen, in Straßencafés, Rooftop-Bars oder auch nur beim Flanieren durch sein Projekt „The Playground", einen „Markt" mit Gourmet Street Food, DJs, Cocktails.

GESUNDHEIT IST KEINE HEXEREI

Man riecht den Laden, bevor man ihn wahrnimmt. Das KwaZulu Muti Museum in der Diagonal Street ist weder Museum noch Geschäft. Es gleicht einer überdimensionalen Hexenküche. Wenige Schritte vom futuristischen Diamond Building entfernt tun sich düstere Gewölbe auf, in denen Antilopenhörner neben verschrumpelten Wurzeln hängen, Priesterstäbe sich neben seltsamen Samenkapseln stapeln, Frauen mit weiß geschminkten Gesichtern angeregt mit Senioren in Leopardenfell über die Anwendungsbereiche dieser getrockneten Eidechsenhäute plaudern. Und es stinkt bestialisch. KwaZulu Muti ist ein Laden für den Bedarf traditioneller Heiler, deren Zahl im modernen Südafrika auf 200 000 geschätzt wird. Das Genre hat regen Zulauf, und wer sich berufen fühlt, kann in diesem vor gut 70 Jahren eröffneten Laden allein unter 1900 verschiedenen getrockneten Kräutern wählen. Ja, man kann hier auch gleich einen Wahrsager engagieren. Wobei deren Arbeit nichts mit Scharlatanerie zu tun hat. Die Sangomas lernten früher 25 Jahre, bis sie als Heiler akzeptiert waren. Und auch wenn es heute nur noch fünf sind, gelten sie als Weise und nehmen eine bedeutende soziale Position ein.

HILFE ZUR SELBSTHILFE

Welche Zukunft hätte ein solcher Wahrsager wohl dem kleinen Thulani Madondo vorausgesagt, der in Kliptown, einer Township von Soweto, aufwuchs? Rund 45 000 Menschen leben hier in bescheidenen Häuschen oder Wellblechhütten unter Bedingungen, die man sich noch nicht einmal vorstellen möchte: Etwa 80 bis 100 Familien teilen sich einen Brunnen; die Stromversorgung existiert, wenn überhaupt, nur durch illegales Anzapfen; es gibt keine Straßen oder gepflasterten Wege, bei Regen versinkt die Siedlung im Schlamm. Thulanis Zukunft schien vorgezeichnet: ein paar Jahre Schulbesuch, Gelegenheitsarbeiten, Arbeitslosigkeit wie bei 70 Prozent der Einwohner von Kliptown. Doch Thulani jobbte, schaffte die Secondary School und studierte. Mit einem Abschluss im Fach Kommunalentwicklung kehrte er nach Kliptown zurück und gründete mit Freunden 2007 in den Räumen eines ehemaligen Missionsprojekts das Kliptown Youth Program: Kinder und Jugendliche bekommen morgens ein Frühstück, um nicht hungrig in die Schule gehen zu müssen, und werden nachmittags von Tutoren betreut, die mit ihnen lernen. Älteren Schülern hilft man bei der Suche nach Nebenjobs, sodass sie Bücher und Schuluniformen finanzieren können. Damit das Programm auch Spaß macht, wird viel Sport getrieben und musiziert. Das Projekt finanziert sich aus privaten Spenden, etwa von Besuchern, die bei KYP von den Kids mit einem temperamentvollen Gum Boot Dance begrüßt werden. 400 Kinder sind im Augenblick dabei, viel mehr wären es gerne. In Kliptown ist Thulani ein Held.

Die wildreichsten Nationalparks

DEN BIG FIVE AUF DER SPUR

Hat man einen Nationalpark gesehen, kennt man alle? Weit gefehlt! Jedes Schutzgebiet pflegt seine Besonderheiten. Mal ist es die charakteristische Landschaft, dann wieder der spezielle Schutzgedanke, der dahintersteckt. Von den Wüstenebenen der Kalahari bis zu den tropischen Sümpfen St. Lucias reicht das Spektrum, von der Bewahrung der Hyänen bis zum Schutz der Rhinos wird um das Leben bedrohter Tierarten gekämpft.

5

6

1

1 iSimangaliso Wetland Park

Nicht nur die Big Five – Elefant, Nashorn, Löwe, Leopard und Büffel – sind hier beheimatet, Wal und Weißer Hai ergänzen das Quintett gar zu den „Big Seven". Fisch- und Vogelreichtum sind enorm und stellen den Besucher vor die Qual der Wahl: Nach Korallenfischen tauchen und vielleicht einem Buckelwal begegnen? Oder lieber bei einem Game Drive über Breitmaulnashörner, Flusspferde und Giraffen staunen?

KwaZulu Natal, St. Lucia
Tel. 035 5 90 16 33
http://isimangaliso.com

2 Kruger National Park

Mit Camps von luxuriös bis rustikal bietet der Kruger-National Park Unterkünfte und Wildbegegnungen für jeden Geschmack. Wer gerne in einem komfortablen Chalet an einem nachts beleuchteten Wasserloch von Sterneköchen verwöhnt wird, während in sicherem Abstand Löwen und Nashörner an der Tränke paradieren, findet hier ebenso sein Dorado wie der Trekker, der sich vor den Hyänen vor seinem Zelt nachts nicht fürchtet. Und die Wildbestände, allen voran Löwen und Elefanten, sind legendär.

Limpopo/Mpumalanga
400 km östlich von Johannesburg
www.sanparks.org

3 Hluhluwe-Imfolozi National Park

Alleine wegen der majestätischen Berglandschaft ist dieser Nationalpark einen Besuch wert. Die Topografie macht die Wildbeobachtung zwar etwas schwieriger, zugleich aber auch spannender. Hluhluwe ist berühmt für seine Nashornpopulation – oft sieht man die grauen Kolosse gleich nach der Einfahrt in den Nationalpark am Hang genüsslich äsen. Außerdem stehen die Chancen nicht schlecht, neben den Big Five die seltenen, vom Aussterben bedrohten Hyänenhunde zu sichten.

KwaZulu Natal
240 km nördlich von Durban
www.kznwildlife.com

4 Kgalagadi Transfrontier Park

Das Reich der roten Dünen, gleißend-hellen Salzpfannen und schwarzmähnigen Kalahari-Löwen bietet ein visuelles Kontrastprogramm zu den grünen Landschaften im Süden. Große Herden von Gemsböcken, Giraffen und Springböckchen treffen auf Löwenrudel und Geparde. Siedelweber verwandeln Akazien in riesige Nestkolonien. Morgens wärmen sich die putzigen Erdmännchen in der Sonne. Ein besonderes Erlebnis sind Pirschwanderungen mit den Ureinwohnern der Kalahari, den San.

Northern Cape, 250 km nördlich von Upington
www.sanparks.org

5 Addo Elephant National Park

Elefanten sind das Aushängeschild des Nationalparks bei Port Elizabeth, dessen landschaftliche Vielfalt von der ariden Karoo im Norden über den zerklüfteten Gebirgszug der Zuurberg Mountains bis zur subtropisch bewachsenen Küstenlinie am Indischen Ozean reicht. Dabei gab es Ende der 1940er-Jahre kein Dutzend der Dickhäuter mehr in der Region. Das Wild zeigt sich eher scheu, doch jede Begegnung mit einem der über 600 Elefanten ist ein Erlebnis.

Eastern Cape
75 km östlich von Port Elizabeth
www.sanparks.org

6 Mokala National Park

Mokala, der Sestwana-Name für den Kameldorn, ist nicht zufällig Pate für diesen im Jahr 2007 eingerichteten südafrikanischen Nationalpark. Der zähe Baum oder Strauch prägt mit seinen dornbewehrten Ästen maßgeblich die semiaride Landschaft des Schutzgebiets. Nicht die Big Five, sondern bedrohte Antilopenarten stehen im Fokus der Schutzbemühungen: Tsessebe (Leierantilopen), Pferdeantilopen und Weißschwanzgnus wurden aus einem älteren Nationalpark hierhergebracht; daneben zeigen sich Breit- und Spitzmaulnashörner sowie die seltenen Weißrückengeier.

Northern Cape, 75 km südwestlich von Kimberley
www.sanparks.org

Maßstab 1:3.400.000
0
60km
BOTSWANA
GABORONE
PRETORIA
JOHANNESBURG
SOWETO
KIMBERLEY
BLOEMFONTEIN
MASERU
LESOTHO
WELKOM
KLERKSDORP
KROONSTAD

DAS ZIEL DES GROSSEN TRECKS

Der Witwatersrand, die bevölkerungsreichste Region Südafrikas, präsentiert sich als eine facettenreiche urbane Landschaft – vom kolonialen Zentrum Pretorias über die Hochhaus-City Johannesburg bis hin zu den uniformen Siedlungen ehemaliger und nach wie vor von Armut geprägter Townships.

GESCHICHTE

Die heutigen Provinzen North West, Free State und Gauteng spielten eine wichtige Rolle im Bestreben der Buren nach Unabhängigkeit. Nach Annexion der Kap-Kolonie durch die Briten machten sich etwa 14 000 niederländischstämmige Voortrekker 1835 auf den Weg ins Landesinnere, wo sie sich eine neue Heimat erhofften. Im Konflikt mit den dort lebenden Zulu und Ndebele kam es zu erbitterten Kämpfen, die Andries Pretorius 1838 in der Schlacht am Blood River siegreich beendete. Die Buren gründeten die Republiken Oranje Freistaat (zwischen Oranje und Vaal, Hauptstadt Bloemfontein) und Transvaal (zwischen Vaal und Limpopo, Hauptstadt Pretoria). Im Zweiten Burenkrieg (1899–1902) wurden die beiden Republiken mit ihren großen Gold- und Diamantvorkommen von den Briten erobert.

Tipp

Wiege der Menschheit

In den 16 zum UNESCO-Weltkulturerbe gehörenden Sterkfontein Caves, 60 km südöstlich von Pretoria, verbirgt sich eine der größten Fossilienstätten aus der Frühzeit der Menschen. Hier und in der Ausstellung im Visitor's Center Maropeng, das einem Grabhügel nachempfunden ist, unternehmen Besucher eine Erkundungsreise in 4 Mio. Jahre menschliche Evolution.

Maropeng und Sterkfontein Caves
Hekpoort Road, Sterkfontein
Tel. 014 577 90 00, tgl. 9.00–17.00 Uhr, letzte Führung 16.00 Uhr
www.maropeng.co.za

1 Pretoria/Tshwane

Die Hauptstadt Südafrikas liegt in 1367 m Höhe in der Provinz Gauteng und hat etwa 750 000, die Metropolregion um 3 Mio. Einwohner. Pretoria ist Regierungssitz; das Parlament tagt hier in den Wintermonaten.

SEHENSWERT

Mittelpunkt der historischen City ist der als Parkanlage gestaltete **Church Square** mit dem Denkmal für Paul Kruger und historischen Bauten vom Ende des 19. Jh.s wie der South Africa Reserve Bank, dem ehemaligen Regierungssitz Republikeinse Raadsaal und dem Justizpalast. Hier fand 1963/64 der Rivonia-Prozess statt, bei dem mehrere ANC-Mitglieder, u. a. auch Nelson Mandela, zu lebenslanger Haft verurteilt wurden. Ein bezauberndes Beispiel für viktorianische Architektur ist das 1866 errichtete, verspielte **Melrose House** (Jacob Mare Street/Burgers Parc).
Ein wunderbarer Blick über die Stadt eröffnet sich von der **Meintjieskop,** einem Hügel im Nordosten des Zentrums. Hier erbaute Sir Herbert Baker 1913 die eleganten **Union Buildings,** heute Sitz der Regierung.
In den 1933 entdeckten Ruinen der im Mittelalter mächtigen und reichen Stadt Mapungubwe im heutigen Grenzgebiet von Südafrika, Botswana und Zimbabwe kamen viele Goldfunde ans Tageslicht, darunter auch das berühmte winzige goldene Nashorn. Dieses und andere sensationelle Ausgrabungen zeigt das **Javett UP Art Centre,** ein Ableger der Universität von Pretoria (Lynnwood Road 23/Elandspoort, Di. bis Sa. 10.00–17.00 Uhr, www.javettup.art).

UNTERKUNFT

Studios und Suiten des eleganten **€ € Court Classique Suite Hotel** sind großzügig konzipiert und geschmackvoll eingerichtet (Francis Baard/Beckett Streets, Tel. 012 3 44 44 20, www.courtclassique.co.za).

Voortrekker Monument im Süden Pretorias

UMGEBUNG

Das **Voortrekker Monument** beherrscht die südliche Peripherie Pretorias. Der Große Treck und die Kämpfe der Buren sind Thema der 27 Marmorreliefs im Inneren des 1949 eingeweihten Baus (www.vtm.org.za, tgl., Mai–Aug. 8.00–17.00, Sept.–April bis 18.00 Uhr). Rund 30 km östl. scheint die Zeit stehen geblieben zu sein: Das Städtchen **Cullinan** schmückt sich mit nostalgisch-historischen Bauten entlang der von Jacaranda gesäumten Oak Avenue. Dass sich hinter dieser Kulisse ein wesentlich größeres „Big Hole" verbirgt als jenes in Kimberley, wissen die wenigsten. Cullinan besitzt Südafrikas drittgrößte Diamantmine.

INFORMATION

www.tshwanetourism.com
www.visittshwane.co.za

2 Johannesburg/Egoli

Die Riesenmetropole (5,6 Mio. Einw.) 50 km südlich von Pretoria ist Provinzhauptstadt von Gauteng und Südafrikas Wirtschafts- und Finanzzentrum. Ihr Zulu-Name Egoli (Platz des Goldes) nennt die Quelle der wirtschaftlichen

Bedeutung Johannesburgs – große Goldvorkommen im Bergzug Witwatersrand, die 1886 entdeckt wurden. Einheimische nennen Johannesburg meist Joburg oder Jozi. Die extreme Kluft zwischen Arm und Reich führte im Raum Johannesburg zu einem drastischen Anstieg der Kriminalität. Auch wenn sich die Lage inzwischen deutlich verbessert hat, sollten Besucher möglichst nicht alleine durch Joburgs Zentrum streifen und auch unter kundiger Führung keine Wertgegenstände mit sich führen.

SEHENSWERT/MUSEEN
Eine der Topattraktionen in der Innenstadt ist der **Market Theatre Complex,** der mit dem daneben gelegenen **MuseuMAfrica** in Markthallen von 1913 residiert. Drei Theater, Kunstgalerien, ein Café und Läden sind darin untergebracht (Bree Street, http://markettheatre.co.za). Das Museum informiert über südafrikanische Geschichte, wendet sich aber eher an Schulkinder (121 Lilian Ngoyi Street, Di.–So. 9.00–17.00 Uhr). Nicht weit entfernt erinnert die einem Diamanten nachempfundene Silhouette des 1984 von Helmut Jahn entworfenen **Diamond Building** daran, dass die Wirtschaft am Witwatersrand lange von Bodenschätzen dominiert war. Wenige Schritte weiter entführt der Laden **KwaZulu Muti Museum** in die Welt von Heilern, Schamanen und Wahrsagern (14 Diagonal Street, Mo.–Sa. 9.00–17.00 Uhr). Auf der Market Street ostwärts erreicht man Ecke Risk Street einen Platz, der zwischen all den Hochhäusern geradezu rührend anmutet: Mit der **City Hall** ist noch ein Gebäude der Wende vom 19. zum 20. Jh. erhalten. Fashion und Design, Kreativität und Inspiraton widmet sich **The Playground**, Food & Drink, DJs und Musik gehören zum Konzept (73 Juta Street, www.playbraamfontein.co.za/the-playground; Sa. 9.00–18.00 Uhr). Ein Besuch im **WitsArt Museum** der University of Witwatersrand gibt einen spannenden Überblick über das Kunstschaffen des Landes (Bertha/Jorissen Street, Braamfontein, Di.–Sa. 10.00–16.00 Uhr, www.wits.ac.za/wam).

Tipp

Schwarz oder Weiß?

Im **Apartheid Museum** **TOPZIEL** werden Besucher auf anschauliche, teils drastische Art mit dem Alltag während der Apartheid konfrontiert – sie sind z. B. gezwungen, zwei unterschiedliche Eingänge zu nutzen, je nachdem, ob die Eintrittskarte sie als *white* oder *coloured* ausweist. Fotos, darunter die berühmten Schwarz-Weiß-Aufnahmen von Ernest Cole, Exponate und Filme zeigen die Brutalität der Ideologie in der Praxis.

Gold Reef Road, Mi.–So. 9.00–17.00 Uhr, www.apartheidmuseum.org

RESTAURANTS & UNTERKÜNFTE
€ Robby's Place ist eine typische *shebeen*, ein winziges Restaurant mit Innenhof, Jazzmusik und traditionellen Gerichten (5634 Zone 5, Pimville, Soweto, Tel. 011 9 33 79 65). In den Kneipen von Melville an der 7th Street lässt sich noch am ungefährlichsten Nachtleben schnuppern. Schick, angesagt und spanisch angehaucht ist **€ € La Boqueria** (17 3rd Ave., Parktown North, www.laboqueria.co.za). Im **€ € Lucky Bean Guesthouse** profitieren die Gäste von einem Garten mit Pool, und das mitten in der Stadt (129 1st Ave., Melville, http://luckybeanguesthouse.co.za). Wer viktorianische Zeiten liebt, geht ins **€ € Clico Boutique Hotel**, eine Villa in einem kleinen Park (Sturdee Avenue 27, Rosebank, Tel. 011 2 52 33 00, www.clico.co.za). **€ Lebo's** in Orlando/West, Soweto, ist ein charmantes Backpacker-Quartier im Herzen der ehemaligen Township (10823A Pooe Street, Tel. 011 9 36 34 44, www.sowetobackpackers.com).

UMGEBUNG
Die Goldgräberstadt **Gold Reef City** 6 km südlich von Joburgs Zentrum ist eine Art südafrikanisches Disneyland mit Achterbahnen, Karussells, Restaurants, Casino und Hotels (Ecke Northern Parkway/Data Crescent, Mi.–So. 9.00 bis 17.00 Uhr, in Schulferien tgl., www.goldreefcity.co.za).
-Das 1963 aus mehreren südwestlich von Johannesburg liegenden Townships geschaffene **Soweto** war bis 2002 eine eigene Stadt und gehört seither zur Municipality von Johannesburg. Wer Soweto besuchen möchte, sollte sich einer Tour anschließen. Interessante Punkte sind die Häuser der Nobelpreisträger Nelson Mandela und Desmond Tutu in der Vilakazi Street im Stadtteil Orlando, die Märkte in Baragwanath oder die Nachbarschaftsinitiative Kliptown Youth Program (www.kliptownyouthprogram.org.za) in Kliptown. Pflichtpunkt bei jeder Soweto-Exkursion ist das Hector Pieterson Memorial, das an die Schülerunruhen 1976 erinnert: Die Polizei eröffnete damals das Feuer auf die Kinder und erschoss dabei u. a. den 12-jährigen Pieterson. Soweto-Touren veranstalten u. a. Tour Soweto (http://toursoweto.com) mit Schwerpunkt auf Kontakten zu den Bewohnern und Fotografie oder One Day Africa (www.onedayafrica.com).

INFORMATION
https://joburg.org.za

Alltag in Südafrika: auf einem Markt in Soweto und im Pub Star of the West in Kimberley

3 Sun City

Luxushotels, künstliche Lagunen, Vergnügungsparks, Casino, Golfplatz und ein tropischer Regenwald sind die Zutaten des gigantischen Komplexes. Sun City, 180 km nordwestl. von Johannesburg, repräsentiert ein erfolgreiches Freizeitkonzept. Die Unterkünfte in den Hotels reichen von Drei-Sterne-Etablissements bis zur Luxusklasse (zentrale Reservierung über www.suninternational.com).

4 Kimberley

1869 sorgten Diamantenfunde für die Gründung Kimberleys (220 000 Einw.) und eine explosionsartige Bevölkerungszunahme. Die Diamantschürfer sind längst fast alle weitergezogen, doch haben sie der Stadt ihre größte Sehenswürdigkeit, das Big Hole, hinterlassen.

SEHENSWERT
Von der City Hall im Zentrum der Stadt tuckert eine historische Straßenbahn zum **Big Hole,** an dem ein Museumsdorf mit Kirche, Kneipen und Geschäften die einstige Diamantschürferzeit wiederaufleben lässt. Das 800 m tiefe und 470 m breite Big Hole wurde 1914 aufgelassen. Eine Auswahl der kostbaren glitzernden Steine zeigt die **Diamond Hall,** darunter den ersten in Südafrika gefundenen Diamanten „Eureka". Die nachgebaute Mine lässt Besucher angesichts der Arbeitsbedingungen der Schürfer erschauern (tgl. 8.00–17.00 Uhr, Führungen Mo.–Fr. stündl., Sa., So. alle zwei Std., www.thebighole.co.za). In den Boomzeiten Kimberleys ließen sich die erfolgreichen Kaufleute und

Minenbesitzer im Vorort Belgravia im Südosten nieder. Herrschaftliche Villen wie das **Oppenheimer House** (Lodge Road Nr. 7) sind bis heute wunderbar erhalten. Eindrucksvoll ist auch das **Dunluce House** in verspielter, viktorianischer Architektur (Lodge Road Nr. 10). In der **Duggan Cronin Photo Gallery** gibt es eine interessante Ausstellung mit Fotos zu sehen, die A. M. Duggan Cronin in der erste Häfte des 20. Jh.s von südafrikanischen Volksgruppen machte und damit Kleidung und Brauchtum dokumentierte, die heute vergessen sind (Egerton Street, Mo.–Fr. 9.00–16.00 Uhr).

INFORMATION
Diamond Fields Tourism Office, Bulfontein Road 121, Kimberley, Tel. 053 83 27 298

5 Bloemfontein/ Mangaung

Südafrikas dritte (heimliche) Kapitale ist der Ort, an dem der Oberste Gerichtshof residiert. Die rund 500 000 Einwohner zählende Gartenstadt im Hochveld ist stark von der burischen Geschichte geprägt und verdankt ihren Wohlstand reichen Goldvorkommen in der Nähe, die 1946 entdeckt wurden. Prominentester Bloemfonteiner ist J. R. R. Tolkien, Autor der Trilogie *Herr der Ringe*. Er wurde 1892 in der Stadt geboren.

SEHENSWERT
In der weitgehend modernen Stadt erinnern einige historische Bauten an die Vergangenheit, so der 1893 erbaute **Fourth Raadsaal.** Hier tagte das Parlament der damaligen Burenrepublik Oranje-Freistaat, bis 1900 die Briten einmarschierten. Vor allem zur Zeit der Rosenblüte ist der **King's Park** westlich des Zentrums mit seinen mehr als 4000 Rosenbüschen ein Genuss für Augen und Nase.
Zeitgenössische Kunst aus Südafrika zeigt das **Oliewenhuis Art Museum** in einem dem kapholländischen Stil nachempfundenen Bau von 1941 im Norden der Stadt (16 Harry Smith St., Mo.–Fr. 8.00–17.00, Sa., So. 9.00–16.00 Uhr, www.nasmus.co.za). Besonders die Fotografien zeigen einen spannenden und kontroversen Blick auf das heutige Südafrika. Im Süden gedenkt das **National Women's Memorial** der 26 000 burischen Frauen und Kinder, die 1899 bis 1902 in britischen Lagern ums Leben kamen.

RESTAURANT & UNTERKUNFT
Mediterranes Kontrastprogramm: Im **€ € Bella Casa** muten Essen und Ambiente italienisch an – und es schmeckt (31 President Steyn Av., Tel. 051 4 48 95 71, www.bellacasarestaurant.co.za)! Tolkien-Fans müssen natürlich im **€ € Hobbit Boutique Hotel** absteigen, dessen Dekoration an dessen Hauptwerk anknüpft (19 President Steyn Ave, Tel. 051 447 06 63, www.hobbit.co.za).

INFORMATION
http://bloemfonteintourism.co.za

PER RAD IN DIE TOWNSHIP

Nachhaltiger und direkter als mit dem Drahtesel lässt sich der Alltag in Soweto nicht erfahren. Man sollte sich jedoch einer geführten Tour anschließen, wie sie das Unternehmen Soweto Bicycle Tours anbietet.

Erste Anlaufschwierigkeiten wie die verspätete Abholung im Hotel macht unser Guide Thando mit Charme und dem Versprechen wett, uns das echte Soweto zu zeigen. Also setzen wir uns auf die gut gewarteten Räder, den Helm setzen wir auch gleich auf und treten in die Pedale.

Schon nach wenigen hundert Metern sind wir fassungslos angesichts der unbeschreiblichen Armut. Hügelauf, hügelab radeln wir vorbei an uniformen Hausreihen, an Strommasten, von denen schwarz abgezweigte Kabel zu Wellblechverschlägen führen, vorbei auch an Wasserhähnen, an denen Kinder mit Plastikkübeln anstehen. Dann ein paar Ecken weiter gediegene Mittelstandshäuschen mit Garten und Stacheldraht, asphaltierte Straßen.

Die South Western Townships können aktiv mit dem Fahrrad erkundet werden.

In der Vilakazi Street sehen wir, wo Nelson Mandela und Desmond Tutu wohnten. Am Hector Pietersen Memorial für den 1976 von der Polizei erschossenen Jungen kommen einigen die Tränen. Zum Schluss beim Bier in einer *shebeen* berichtet Thando von seinem Alltag in Soweto. Die Tour ist belastend, aber sie erzählt mehr über Südafrika, als es je ein Reiseführer könnte.

Soweto Bicycle Tours

10823A Pooe Street, Orlando West
Tel. 011 936 34 44, www.sowetobackpackers.com

Das Unternehmen veranstaltet 2- und 4-stündige sowie ganztägige geführte Fahrradausflüge (650, 790, 1050 Rand) durch Soweto. Angeboten wird auch eine Tour durch Kliptown, bei der die Teilnehmer das Kliptown Youth Program (KYP) besuchen.

HILFREICH & NÜTZLICH

Keine Reise ohne Planung. Auf den folgenden Seiten sind Wissenswertes und nützliche Informationen für einen Aufenthalt in Südafrika zusammengestellt.

Zu Südafrikas landschaftlicher Vielfalt gehört der Blyde River Canyon.

Anreise

Lufthansa (www.lufthansa.com) und Swiss (www.swiss.com) bieten Linienflüge von Frankfurt/Main bzw. Zürich nach Johannesburg bzw. Kapstadt an (mehrmals wöchentlich). Condor verbindet im Winterhalbjahr mehrmals pro Woche Berlin/Brandenburg mit Kapstadt (www.condor.com). Die South African Airways (www.flysaa.com) hat immer wieder mit drohender Insolvenz zu kämpfen. Die internationalen Flüge (etwa nach Frankfurt/Main) sind ausgesetzt; nationale Verbindungen (z.B. Johannesburg – Kapstadt) werden aufrechterhalten.

Auskunft

South African Tourism, Friedensstr. 6–10, 60311 Frankfurt/M., Service-Tel. 0800 1 18 91 18 (kostenfrei), www.southafrica.net
Südafrikanische Botschaft, Tiergartenstr. 18, 10785 Berlin, Tel. 030 22 07 30, www.suedafrika.org

Autofahren

Das Straßennetz ist sehr gut ausgebaut; neben den zweispurigen Nationalstraßen gibt es auch immer mehr mautpflichtige Autobahnen, an denen bar oder mit Kreditkarte bezahlt wird. In Südafrika herrscht **Linksverkehr** und **Anschnallpflicht** für alle Insassen; die **Promillegrenze** liegt bei 0,5 ‰. Die **Höchstgeschwindigkeit** auf Autobahnen beträgt 120 km/h, auf Landstraßen 100 km/h, innerorts 60 km/h. Es empfiehlt sich, defensiv und möglichst nicht nach Einbruch der Dunkelheit zu fahren. Vor allem in ländlichen Regionen ist auf langsame Fahrzeuge, Fußgänger und kreuzendes Wild zu achten. Besucher benötigen einen **internationalen Führerschein.** Mitglieder eines deutschen Automobilclubs bekommen bei der **Automobile Association of South Africa** kostenlose Unterstützung (https://aa.co.za/).

Bahn und Bus

Die Bahnverbindungen sind sehr langsam. **Luxuszüge** für Touristen verkehren zwischen Kapstadt und Pretoria bzw. Kruger National Park (Blue Train, www.bluetrain.co.za) oder von Kapstadt über Pretoria und den Kruger National Park zu den Victoria Falls (Simbabwe; Rovos, www.rovos.com). Rovos hat auch weitere Routen im Angebot, fährt u. a. bis nach Namibia. Zu den wichtigsten **Busunternehmen** zählen Translux (https://res.prasa.com/translux/booking), Intercape (www.intercape.co.za) und Big Sky Intercity (www.bigskyintercity.co.za). Die Busse sind komfortabel und schnell; Tickets können online gebucht werden. Von Fahrten mit Minibussen ist aus Sicherheitsgründen abzuraten. Wer Südafrika mit öffentlichen Verkehrsmitteln bereisen möchte, sollte bedenken, dass es ohne eigenes Fahrzeug kompliziert ist, die Nationalparks zu besuchen.

Camping

Südafrikanische Campingplätze, vor allem die Camps in den Nationalparks, sind meist sehr großzügig konzipiert und mit Annehmlichkeiten wie eigener Grillstelle, Wasser- und Stromanschluss für Wohnmobile ausgestattet. Es empfiehlt sich, den Stellplatz zeitig zu reservieren.

Essen und Trinken

Speisen: Europäische Einflüsse aus Holland und England, asiatische aus Indien, Malaysia und Mauritius sowie afrikanische Traditionen prägen die Gerichte. Es wird sehr viel Fleisch, gerne auch Wild gegessen und mit großer Begeisterung gegrillt. Mindestens einen *braai* – einen Grillabend – sollten Südafrikabesucher erlebt haben. In der Region um Kapstadt ist die malaiische Küche prominent vertreten, um Durban überwiegt mit Currys das indische Element, entlang der Nordwestküste dominieren Fischgerichte. Auf Speisekarten von Afrika-Restaurants stehen oft frittierte Mopane-Würmer, eine Delikatesse. Den Buren verdankt das Land so gehaltvolle Köstlichkeiten wie Boerewors, eine würzige Wurst aus Schweine- oder Lammfleisch. Als Reiseproviant zu empfehlen ist Biltong, in Streifen geschnittenes und getrocknetes Fleisch vom Rind oder von Wildtieren.
Getränke: Mineralwasser gibt es aus südafrikanischen Quellen (z. B. Ceres, Valpré). Groß ist das Angebot an Obstsäften aus exotischen Früchten wie Mango oder Guave. Südafrikanisches Bier ist süffig. Die Weine sind für ihre hohe Qualität berühmt. Ein Gläschen Marulalikör aus der bei Elefanten so beliebten Frucht des Marulabaums beschließt den Abend.

Feiertage und Feste

Offizielle Feiertage: 1. Januar (Neujahr, New Year's Day); 21. März, Tag der Menschenrechte (Human Right's Day); März/April, Karfreitag, Ostermontag (Family Day), 27. April, Freiheitstag (Freedom Day); 1. Mai, Tag der Arbeit (Worker's Day); 16. Juni, Tag der Jugend (Youth Day); 9. August, Nationaler Frauentag (National Women's Day); 24. September, Tag des Erbes (Heritage Day); 16. Dezember, Tag der Versöhnung (Day of Reconciliation); 25. Dezember, Weihnachten; 26. Dezember, Tag des guten Willens (Day of Goodwill).
Feste und Veranstaltungen: Januar, Cape Minstrel Carnival in Kapstadt am 1./2. Januar und den beiden darauf folgenden Samstagen; März, Cape Town Festival und Cape Town Jazz Festival in Kapstadt; März/April, National Arts Festival, Oudtshoorn, Kleine Karoo; April, Splashy Fen Music Festival, Underberg; Juni/Juli, National Arts Festival, Grahamstown; September, Whale Festival, Hermanus; Oktober, Bloemfontein Rose Festival, Bloemfontein; Jacaranda Festival, Pretoria.

Geld

Südafrikanische Währung ist der Rand, unterteilt in 100 Cent. Banknoten im Wert von 200, 100, 50, 20 und 10 Rand sind im Umlauf, Münzen im Wert von 5, 2 und 1 Rand sowie 50, 20, 10 und 5 Cent. Reisende können mit der Kredit- oder der Maestrokarte Bargeld an einem der vielen Geldautomaten abheben (Gebühren beachten). In den meisten Geschäften, Unterkünften, Restaurants und an vielen Tankstellen werden Kreditkarten akzeptiert. Geld tauschen Wechselstuben oder Hotels.

Gesundheit

Ärztliche Versorgung: In den Städten entspricht die Versorgung europäischen Standards; auf dem Land kann es durchaus schwierig sein, einen Arzt zu finden. Es empfiehlt sich der Abschluss einer Reisekrankenversicherung.

Anzeigen

- Atemberaubende Ausblicke von der Pakamisa Lodge
- Geführte Pirschfahrten und Wanderungen durch das malariafreie, private Pakamisa Reservat
- Reitsafaris für Anfänger und erfahrene Reiter
- Bogen- und Tontaubenschießen
- Gourmet-Restaurant • Kinder willkommen!

P.O Box 1097, Pongola 3170, KwaZulu Natal, South Africa
res@pakamisa.co.za • www.pakamisa.co.za
Tel: +27(0)83 229 1811

Gut vorbereitet unterwegs in Afrika

TAKE OFF ERLEBNISREISEN

Botswana

Allrad-Abenteuer
Über Pisten durch wildreiche Regionen
14 Tage ab/bis Vicfalls

Namibia

Die große Freiheit
Selbstfahrerreise mit Dach-Zelt
23 Tage ab/bis Windhoek

Namibias Norden

17 Tage ab/bis Windhoek
Glamping-Abenteuer

Etosha bis Okavango Delta

15 Tag ab Windhoek/bis Maun
Selbstfahrertour durch die tropische Sambesi-Region

SCAN MICH

TAKE OFF Reisen GmbH
Dorotheenstraße 65 · D-22301 Hamburg
Tel: 040 422 22 88 · www.takeoffreisen.de

Prophylaxe: Neben den üblichen Impfungen (Hepatitis A, TBC) besteht je nach Reiseziel und Jahreszeit die Notwendigkeit einer Malaria-Prophylaxe. Risikogebiete sind der Osten und Nordosten des Landes, also auch der Kruger-National Park. Zuverlässige Auskünfte erteilen Tropenärzte oder -institute. Zum Schutz vor Mückenstichen empfiehlt es sich, in der Dämmerung langärmelige Hemden und Hosen zu tragen und sich mit einem mückenabweisenden Mittel einzureiben. Bei sexuellen Kontakten sollte man sich unbedingt schützen, denn 13 % der Südafrikaner, darunter viele Frauen, sind offiziellen Statistiken zufolge HIV-positiv.
Apotheken: In Südafrika fungieren Apotheken (Pharmacy, Apteek) meist zugleich als Drogerien (zu üblichen Geschäftszeiten geöffnet).

Hotels/Lodges

Einen Überblick über das Unterkunftsangebot geben u. a. die Website von SA Tourism sowie www.sa-venues.co.za. Auf dem Land und in der Umgebung der Nationalparks kommen Reisende in Lodges und Gästefarmen unter (www.portfoliocollection.com). In den Naturschutzgebieten stehen verschiedene Möglichkeiten in staatlichen Camps zur Verfügung: vom Zelt bis zum Bungalow. Es ist sinnvoll, die Reise so gut wie möglich zu planen und Unterkünfte bereits im Voraus zu buchen, etwa per Online-Buchung. Bei vielen auf den ersten Blick sehr teuer erscheinenden Lodges deckt der Zimmerpreis Pirschfahrten und Vollpension ab. Mit dem Fairtrade-Zertifikat prämierte Unterkünfte finden sich auf www.fairtradetourism.org. Ausgewählte Unterkünfte werden auch auf den Infoseiten der jeweiligen Kapitel vorgestellt.
Die Zahl privat betriebener **Hostels/Jugendherbergen** nimmt bes. in den Städten und in Feriengebieten ständig zu; siehe Backpack South Africa (www.backpackers-south-africa.co.za) oder Hostel World (www.hostelworld.com).

Preiskategorien

€ € €	Doppelzimmer	ab 130	€
€ €	Doppelzimmer	60–130	€
€	Doppelzimmer	bis 60	€

Literatur

Südafrika-Thriller entwerfen ein spannendes Bild des Reiselands. Deon Meyer schreibt seine Romane um den Polizisten Bennie Griessel auf Afrikaans (z. B. „Der Atem des Jägers", Berlin 2007). In und um Kapstadt angesiedelt sind die politischeren Stories von Mike Nicol („Kapstadt-Serie" mit Privatdetektiv Fish Pescado, etwa „Hitman", München 2024).

Mietwagen

Alle internationalen Unternehmen wie Sixt oder Avis unterhalten Vertretungen in Südafrika; hinzu kommen zahllose lokale Firmen. Da die Verträge mit international operierenden Unternehmen nach deutschem Recht abgefasst sind, ist das Prozedere im Schadensfall dort transparenter. Lokale Firmen bieten allerdings häufig günstigere Preise an. Wer gut ausgerüstete und gewartete Geländewagen sucht, die auch Off-Road-Touren sicher bewältigen, ist bei Kwenda Safari richtig. Das Unternehmen verfügt über eine Vertretung in Deutschland, die bei Reiseplanung und bei Problemen hilfreich ist (Tel. 0049 08856 9 36 77 20, www.kwendasafari.com). www.billiger-mietwagen.de bietet eine Liste fast aller Mietwagenangebote im ganzen Land mit einem Vergleich und einer genauen Beschreibung der jeweils darin enthaltenen Einzelleistungen (wie Haftungsausschluss, freie Kilometer, Zusatzkosten etc.).

Info

Daten & Fakten

Geografische Lage: Die Republik Südafrika liegt an der Südspitze des afrikanischen Kontinents und reicht im Osten an den Indischen Ozean, im Westen an den Atlantik. Nachbarstaaten sind Namibia, Botswana, Simbabwe und Mosambik. Das Königreich Lesotho ist als Enklave vollständig, das Königreich Eswatini fast vollständig von südafrikanischem Staatsgebiet umschlossen. Das Land ist mit 1,219 Mio. km² mehr als dreimal so groß wie Deutschland und in neun Provinzen unterteilt. Hauptstadt ist Pretoria.
Naturraum: Weite Teile des zentralen Hochlands und die Westküste sind von großer Trockenheit in den Halbwüsten der Großen und Kleinen Karoo und des Namaqualands gekennzeichnet. Im Osten speist feuchttropisches Klima die Vegetation. Höchster Berg ist der Mafadi (3446 m) in den Drakensbergen.
Bevölkerung: Südafrika hat 60 Mio. Einwohner. 80 % der Bevölkerung sind Schwarzafrikaner, jeweils 9 % beträgt der Anteil von Farbigen und Weißen, 2,5 % sind Inder bzw. Asiaten. Zu den größten Sprachgruppen zählen isiZulu (23,8 %), isiXhosa (17,6 %) und Afrikaans (13,5 %). Englisch, Sepedi, Sestwana und Sesotho sprechen jeweils 8–9 % als Muttersprache. Die Mehrheit der Bevölkerung (80 %) ist christlichen Glaubens, Freikirchen spielen eine wichtige Rolle: Die Gemeinde ist in über 4000 unabhängige Kirchen zersplittert. Nur 1,5 % der Südafrikaner sind Muslime.
Wirtschaft: Südafrikas Wirtschaft steht dank des Reichtums des Landes an Bodenschätzen auf einem relativ stabilen Fundament und konnte in den letzten Jahren (abgesehen von dem durch Corona verursachten Einbruch 2019/20) ein konstantes Wachstum des BIP um 4 % verzeichnen. Die Industrie hat dabei einen Anteil von 24,5 %, der Dienstleistungssektor von 62,7 %, während die Landwirtschaft mit 2,4 % kaum eine Rolle spielt. Mit einer geschätzten Arbeitslosenrate von 33 %, die jedoch in der jungen Bevölkerung noch höher ist, steht das Land vor einer großen sozialen Herausforderung.

Notruf

Polizei: Tel. 1 01 11, Mobiltel. 1 12
Krankenwagen: Tel. 1 07 77, Mobiltel. 1 12
Notruf Johannesburg: Charlotte Maxeke Academic Hospital, Tel. 011 4 88 49 11
Notruf Kapstadt: Groote Schuur Hospital, Tel. 0214 04 91 11
Pannenhilfe: Tel. 0800 01 01 01

Öffnungszeiten

Banken: Mo.–Fr. 9.00–15.30, Sa. 8.30–11.00 Uhr, häufig mit einer Stunde Mittagspause.
Geschäfte: In den Städten i. d. R. Mo.–Fr. 9.00–17.00; Sa. bis 13.00 Uhr. Einkaufszentren tgl. 9.00–21.00 Uhr.
Tankstellen: An wichtigen Überlandverbindungen 24 Std. geöffnet, sonst eingeschränkt.

Reisezeit

Der Südwinter fällt auf unsere Sommermonate, während rund um Weihnachten Höchsttemperaturen herrschen. Die höchsten Regenfälle verzeichnet das Land in den Sommermonaten zwischen Oktober und März; Niederschläge wie auch die Durchschnittstemperaturen nehmen von Nord nach Süd ab. Während der Osten nahezu tropisches Klima aufweist, ist die Nordwestküste von geringen Niederschlägen und aridem Klima gezeichnet. Ideale Reisezeit für die Wildbeobachtung ist der niederschlagsarme Winter. Die Tiere kommen dann zu den künstlich angelegten Dämmen; in der kühlen Trockenzeit ist auch die Gefahr einer Malaria-Infektion geringer.

Restaurants

Allen Restaurants gemeinsam ist, dass man es lieber leger und nicht so steif mag. Die meisten Restaurants sind mittags von 11.30 bis 14.30 und abends ab 18.00 Uhr geöffnet. Als Trinkgeld erwartet das Personal 10–15 % des Rechnungsbetrags; manchmal gibt es auch eine Tip-Box für die Trinkgelder.

Preiskategorien

€€€	Hauptspeisen	ab 20	€
€€	Hauptspeisen	ab 12	€
€	Hauptspeisen	ab 8	€

Ausgewählte Restaurants aus den Kategorien werden auf den Infoseiten der jeweiligen Kapitel vorgestellt.

Sicherheit

Ohne Frage ist die Kriminalität in Südafrika weiterhin hoch, wenngleich sich Strafdelikte meist in Gebieten ereignen, in die sich Touristen nur selten verirren.
Generell ist Vorsicht geboten. Im Hotel, in der Touristeninformation etc. sollte man sich über die konkrete Situation informieren. Im Hotel alle Dokumente und Wertsachen im Safe verwahren. Nach Einbruch der Dunkelheit sollte man nicht mehr zu Fuß gehen, für abendliche Veranstaltungen besser ein Taxi benutzen.
Bei Besuchen in Townships ist erhöhte Vorsicht angebracht: Es ist unbedingt anzuraten, sich hierbei einer ortskundigen Führung anzuvertrauen.

Sport

Südafrikas Nationalsport ist Rugby, gefolgt von Cricket. Auch Fußball (Soccer) ist beliebt, doch bei Weitem nicht so wie in Europa. Das Spektrum an Sportmöglichkeiten ist breit, vom Surfen bis hin zu Extremsportarten wie Abseiling.

Frischer geht's kaum: Seafood in Hermanus

Sprache

Verkehrssprachen Südafrikas sind Englisch und Afrikaans. In Hotels und touristischen Regionen wird gelegentlich Deutsch verstanden.

Telefon

Für das Telefonieren in einer Telefonzelle benötigt man eine Telefonkarte (grüne Telefonzelle) bzw. Münzen (blaue). Telefonkarten sind in Läden, Tankstellen und Postämtern erhältlich. Mobil zu telefonieren kann wegen hoher Roaming-Gebühren kostspielig werden; günstiger kann eine südafrikanische Prepaid-Karte sein. Innerhalb des Landes wird stets die mit 0 beginnende dreistellige Vorwahl der Rufnummer mitgewählt; bei Anrufen aus dem Ausland entfällt die Null. Vorwahl Südafrika: +27.

Zoll

Aktuelle Infos bietet https://southafrica.diplo.de. Bei der Rückreise in ein EU-Land gelten u.a. folgende Freimengen: 1 l Spirituosen, 4 l Wein, 50 ml Parfum, 250 ml Eau de Toilette, 200 Zigaretten, Geschenke im Wert von max. 430 €. Vorsicht bei der Aus- bzw. Einfuhr von Pflanzen und Tierprodukten – eine Genehmigung muss dokumentieren, dass es sich nicht um Erzeugnisse aus gefährdeten Arten handelt. Elfenbein, in Südafrika legal erworben, darf nicht nach Deutschland, Österreich oder in die Schweiz eingeführt werden.

Info

Wetterdaten

Kapstadt

	Tages-Temp. max.	Tages-Temp. min.	Wasser-Temp.	Tage mit Niederschlag	Sonnenstunden pro Tag
Januar	26°	16°	19°	4	11
Februar	26°	16°	19°	3	10
März	25°	15°	18°	5	9
April	23°	12°	17°	8	8
Mai	20°	10°	16°	11	6
Juni	19°	9°	15°	12	6
Juli	18°	7°	15°	13	6
August	18°	8°	15°	13	7
September	19°	10°	15°	9	8
Oktober	21°	12°	16°	7	9
November	23°	13°	18°	5	10
Dezember	25°	15°	19°	5	11

Info

Geschichte

75–30 000 v. Chr.: Steinzeitliche Werkzeuge und Felsbilder sind älteste Spuren der San.
1488: Bartolomeu Diaz umsegelt das Kap der Guten Hoffnung.
1652: Jan van Riebeeck gründet am Kap eine Versorgungsstation für die Holländisch-Ostindische Kompanie, das spätere Kapstadt.
17./18. Jh.: Zuwanderung von Siedlern.
18./19. Jh.: Die Buren („freie Bürger") tragen bewaffnete Konflikte mit den Einheimischen aus.
1816: Zulu-König Shaka führt die Zulu-Nation.
1835: Burische Voortrekker brechen zum Großen Treck auf.
19. Jh.: Diamantenrausch und Goldfunde.
1899–1902: Burenkriege; die Burenrepubliken werden britische Kolonien.
1910–1912: Gründung der Südafrikanischen Union, die 1911 die Rassengesetze verabschiedet; 1912 ANC (African National Congress).
1950er-Jahre: Umsiedlung von Schwarzen und Farbigen in getrennte Wohngebiete.
21. März 1960: Massaker von Sharpeville/Transvaal; die Polizei erschießt 69 Demonstranten, die gegen die Passgesetze protestieren.
1964: Verurteilung des ANC-Politikers Nelson Mandela zu lebenslanger Haft (Hochverrat).
16. Juni 1976: Bei Schülerprotesten in Soweto erschießt die Polizei zwei Kinder.
1984: Bischof Desmond Tutu erhält den Friedensnobelpreis.
1980er-Jahre: Internationaler Druck zwingt das Regime zu Konzessionen. Nachfolger von Präsident Pieter Botha wird Frederik de Klerk.
1990: De Klerk lässt Mandela frei und hebt das Verbot des ANC auf.
1993: Friedensnobelpreis an Mandela/de Klerk.
1994: Die ersten freien Wahlen gewinnt der ANC. Mandela wird Präsident.
1998: Einsetzung einer Wahrheitskommission zur Aufarbeitung von Menschenrechtsverletzungen während der Apartheid.
1999: Thabo Mbeki wird Präsident.
2007: Die Bürgermeisterin von Kapstadt, Helen Zille, etabliert die Demokratische Allianz als Opposition zum übermächtigen ANC.
2008–2009: Thabo Mbeki tritt zurück. Der umstrittene Jacob Zuma gewinnt die Wahlen 2009.
2010: Fußballweltmeisterschaft.
2013: Nelson Mandela stirbt am 5. Dezember.
2017: Vettern- und Misswirtschaft führen zu einer fatal verschlechterten Wirtschaftslage.
2018: Zuma muss zurücktreten. Seine Stelle (als Chef des ANC und Präsident) übernimmt Cyril Ramaphosa, ein Geschäftsmann.
2019: Die Parlamentswahlen bringen dem ANC schwere Verluste, er ist aber mit 57,5 % immer noch stärkste Kraft.
2020–22: Corona-Pandemie.
2021: Tod von Desmond Tutu (26. Dezember).
2024: Im Vorfeld der Parlamentswahlen (am 29. Mai) wird nicht ausgeschlossen, dass durch diese die Alleinherrschaft des ANC beendet werden könnte.

REGISTER

Fette Ziffern verweisen auf Abbildungen

Impressum

6. Auflage 2024

Verlag: DuMont Reiseverlag, Postfach 3151, 73751 Ostfildern, Tel. 0711/45 02-0, www.dumontreise.de
Geschäftsführer(in): Dr. Stephanie Mair-Huydts, Markus Schneider
Programmleitung: Andrea Wurth
Redaktion: Christiane Wagner
Text: Daniela Schetar-Köthe und Friedrich Köthe
Exklusiv-Fotografie: Tom Schulze (www.tom-schulze.com)
Titelbild: Getty Images (Knysna Turaco)
Zusätzliches Bildmaterial: S. 7 o. M. lookphotos/age fotostock, S. 14/15 lookphotos/age fotostock, S. 18 o. l. laif/hemis.fr/Bertrand Rieger, S. 18 u. picture-alliance/Chromorange/Bernd Wasiolka, S. 19 o. Sabi Sabi, S. 19 u. Agulhas National Park, S. 20/21 lookphotos/Dietmar Denger, S. 27 u. laif/Larry Downing, S. 37 Shutterstock/Fanfo, S. 47 Getty Images/Mike Copeland, S. 51 l. DuMont Bildarchiv/Arthur F. Selbach, S. 51 r. lookphotos/age fotostock, S. 64 picture alliance/Zoonar/Fokke Baarssen, S. 67 r. o. und r. u. DuMont Bildarchiv/Arthur F. Selbach, S. 78 u. lookphotos/Rolf Frei, S. 80 l. Cape Canopy Tour, S. 80 M. Getty Images/Image Source, S. 80 r. mauritius images/Westend61, S. 81 o. Getty Images/Stuart Fox, S. 81 u. Getty Images/Pixel Foundry/Des Kleineibst, S. 83 r. Getty Images/Robert Harding/James Hager, S. 85 picture alliance/africamediaonline/Roger de la Harpe, S. 110 l. u. picture-alliance/McPhoto, S. 110 r. Getty Images/Andrew Bain, S. 111 o. r. Getty Images/Heinrich van den Berg, S. 111 u. r. DuMont Bildarchiv/Arthur F. Selbach, S. 124 l. Shutterstock/Janice pama, S. 124 r. mauritius images/Alamy Stock Photos/Jochem Wijnands, S. 125 l. o. mauritius images/Alamy Stock Photos/Rufus Stone, S. 125 r. o. laif/Monica Gumm, S. 125 u. mauritius images/Alamy Stock Photos/Juergen Ritterbach
Grafische Konzeption, Art Direktion, Layout: fpm factor product münchen
Cover Gestaltung: CYCLUS · Visuelle Kommunikation, Stuttgart
Kartografie: © MAIRDUMONT GmbH & Co. KG, Ostfildern
Kartografie Lawall (Karten für „Unsere Favoriten")
DuMont Bildarchiv: Marco-Polo-Straße 1, 73760 Ostfildern, Tel. 0711 45 02-0, bildarchiv@mairdumont.com

Anzeigenvermarktung: MAIRDUMONT MEDIA, Tel. 0711 450 20, media@mairdumont.com, http://media.mairdumont.com
Vertrieb Zeitschriftenhandel: PARTNER Medienservices GmbH, Postfach 810420, 70521 Stuttgart, Tel. 0711 72 52-212
Vertrieb Abonnement: Leserservice DuMont Bildatlas, Zenit Pressevertrieb GmbH, Postfach 810640, 70523 Stuttgart, Tel. 0711 82651-265, Tel. 0711 82651-333 dumontreise@zenit-presse.de
Vertrieb Buchhandel und Einzelhefte: MAIRDUMONT GmbH & Co. KG, Marco-Polo-Straße 1, 73760 Ostfildern, Tel. 0711 45 02-0
Reproduktionen: PPP Pre Print Partner GmbH & Co. KG, Köln

Printed in Germany

DUMONT

Urlaub erinnern …

Leuchtende Farben, Sound der Nacht – das bleibt dauerhaft in den Sinnen. Im Koffer ist Platz fürs Perlentier, für „Hell Fire" und den Appletiser.

HELDEN DES ALLTAGS

Egal wie schön, majestätisch, abenteuerlich Reisende Südafrika erleben – wohl kaum jemand kann die dunkle Seite dieser Urlaubskulisse übersehen. Schon beim Anflug über die Townships von Kapstadt wird deutlich, wie der Alltag der meisten Südafrikaner:innen aussieht. Thulani Madondo wollte diese Realität nicht hinnehmen und gründete in Soweto das Kliptown Youth Program (S. 115). Beim Besuch des Jugendprojekts wird klar, wie hier unterstützt wird.

KLÄNGE VOM KAP

Zwischen Gospel und Afro-Pop, zwischen Rap und Jazz findet jeder seinen Lieblingsstil! Wenn sich die Autoren an „ihr" Südafrika erinnern möchten, hören sie Dollar Brands (Abdullah Ibrahims) Hymne „Mannenberg" von der CD „Is Where It's Happening" (1984).

KENTRIDGE FÜRS HAUS

Nein, natürlich keiner der mehrere Tausend Euro teuren Kunstdrucke, sondern eine der sorgfältig edierten Postkarten des südafrikanischen Ausnahmekünstlers William Kentridge mit einem Motiv, das man zuvor schon in Kapstadts Zeitz MOCAA (S. 36) bewundert hat und in dessen Museumsshop bekommt. Zu Hause macht sich der Mini-Kentridge gut an der Pinnwand und erinnert immer wieder daran, wie vital Südafrikas Kunstszene ist.

MODE IN AFRIKA

Anziehend sind die Farben mancher Roben bzw. Kleider von Südafrikanerinnen! Leider kann das Design nicht jede tragen. Wer es trotzdem möchte: Die besten Originale führt Meiga in Kapstadt. Afrikanischen Stil modern und gefälliger interpretiert gibt's bei Tribal Trends (S. 36/37).

WENN DER STAUB SICH LEGT

Der Game Drive am Nachmittag war abenteuerlich, die Teilnehmer sind sogar Löwen begegnet und wurden ordentlich eingestaubt. Zurück in der Lodge merken sie schnell: Das feine, gelbe Puder steckt in jeder Ritze. Vor der Dusche aber der Sundowner. Ein kühles Glas Bier oder Wein in der Hand sehen sie schweigend zu, wie die Sonne dem Horizont entgegentaumelt. Den Moment vergisst man nie!

SUPER ERFRISCHEND!

Egal wie viel das Reisegepäck bereits wiegt – zwei dieser tiefgrünen Flaschen „Appletiser“ müssen einfach mit. Zu Hause gut und lange kalt gestellt, werden sie an einem sonnendurchfluteten Balkontag zischend geöffnet und getrunken wie sündhaft teurer Wein. So schmeckt Südafrika: nach Apfel, fein perlend, nicht zu süß ...!

HÖLLISCH SCHARF

Mister Madari von Dehli Delight auf dem Victoria Street Market in Durban hatte gewarnt: Dass seine Kunden ausgerechnet „Mother in Law Hell Fire“ kaufen wollten, schien ihm unvernünftig (nun, er kannte die Schwiegermutter nicht). Zu Hause wird dann fröhlich aufgekocht und mit dem roten Pulver gewürzt. *Hell Fire!!!*

TAUSEND BUNTE PERLEN

Angeboten werden sie überall, die mehr oder weniger kunstvoll aus Perlen gearbeiteten Tiere der afrikanischen Fauna. Vorsicht bei sehr günstig erscheinenden Preisen – das kann dann nur aus China kommen. Aber in guten Souvenirgeschäften, beispielsweise an der V&A Waterfront in Kapstadt, legt man Wert auf Qualität und Regionalität. Das blau-silberne Perlennashorn der Autoren hat einen Ehrenplatz auf dem heimischen Fensterbrett.

» ... EVERYBODY STARTS TO MOVE AS SOON AS ›PATA PATA‹ STARTS TO PLAY – WHOO.«

aus: Pata Pata, Song von Miriam Makeba (1932–2008)

SOUND DER AFRIKANISCHEN NACHT

Wer sich nicht wohlfühlt, sollte es nicht tun. Aber allen anderen sei es geraten, wenigstens einmal in einem nicht eingezäunten Wildniscamp zu übernachten. Nur die Zeltplane trennt von dem nächtlichen Geschehen, von den Geräuschen, den Rufen der Wildnis. Ist das nun ein brüllender Löwe oder nur ein Riesenfrosch? Streift ein Elefantenrüssel übers Zelt oder die Äste des Baums? Versprochen, es wird eine aufregende, unvergessliche Nacht!

FÜR ZARTE HAUT

Das aus der Aloe gewonnene Gel wird auch in der traditionellen südafrikanischen Heilkunde vielseitig verwendet, besonders bei Verbrennungen oder Insektenstichen. In Südafrika wird die Aloe zumeist pur verarbeitet, während in europäischen Aloe-Kosmetika noch so mancher Zusatzstoff steckt. Gut sortierte Apotheken verkaufen Aloe-Gel, eine nette Adresse ist „The Aloe Shop“ in Simon's Town (18 Kleintuin Rd.).

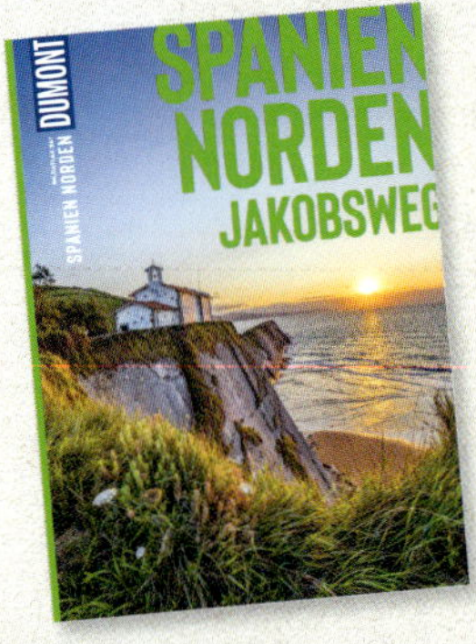

SPANIEN NORDEN / JAKOBSWEG

Berge und Wellen
Aktivurlauber sind hier im Glück: Vormittags bergwandern, nachmittags ein Bad im Meer - geht problemlos!

Galizische Küche
Wer Fisch und Meeresfrüchte liebt, ist im Norden Spaniens goldrichtig!

Bilbao
... hat touristisch mächtig aufgeholt, vor allem dank des berühmten Museo Guggenheim Bilbao von Stararchitekt Frank O. Gehry.

JAPAN

Tokio
Mehr Großstadtfeeling als in Japans Megacity geht nicht!

Heiße Quellen
Ideal nach einer Stadtbesichtigung: ein paar Stunden im Onsen und man fühlt sich wie neugeboren!

Raus in die Natur!
Mit ein bisschen Zeit kann man in das ländliche Japan eintauchen, auf alten Pilgerwegen wandern und die phantastische Naturvielfalt des kleinen Landes entdecken.

www.dumontreise.de

LIEFERBARE AUSGABEN

DEUTSCHLAND
207 Allgäu
216 Altmühltal
220 Bayerischer Wald
180 Berlin
162 Bodensee
217 Brandenburg
175 Chiemgau, Berchtesg. Land
237 Dresden, Sächsische Schweiz
152 Eifel, Aachen
157 Elbe und Weser, Bremen
168 Franken
020 Frankfurt, Rhein-Main
112 Freiburg, Basel, Colmar
231 Hamburg
026 Hannover zw. Harz und Heide
042 Harz
023 Leipzig, Halle, Magdeburg
210 Lüneburger Heide
188 Mecklenburgische Seen
038 Mecklenburg-Vorpommern
033 Mosel
190 München
047 Münsterland
223 Nordseeküste Schleswig-Holstein
006 Oberbayern
161 Odenwald, Heidelberg
035 Osnabrücker Land
002 Ostfriesland
164 Ostseeküste Mecklenburg-Vorpommern
154 Ostseeküste Schleswig-Holstein
201 Pfalz
040 Rhein zw. Köln und Mainz
185 Rhön
186 Rügen, Usedom, Hiddensee
206 Ruhrgebiet
149 Saarland
182 Sachsen
159 Schwarzwald Norden
045 Schwarzwald Süden
018 Spreewald, Lausitz
008 Stuttgart, Schwäbische Alb
239 Sylt, Amrum, Föhr
204 Teutoburger Wald
170 Thüringen
037 Weserbergland

BENELUX
156 Amsterdam
011 Flandern, Brüssel
179 Niederlande

FRANKREICH
177 Bretagne
021 Côte d'Azur
032 Elsass
228 Frankreich Südwesten Okzitanien
240 Französische Atlantikküste
019 Korsika
213 Normandie
235 Paris
198 Provence

GROSSBRITANNIEN/IRLAND
187 Irland
202 London
189 Schottland
227 Südengland

ITALIEN/MALTA/ KROATIEN
181 Apulien, Kalabrien
211 Gardasee
222 Golf von Neapel, Kampanien
163 Istrien, Kvarner Bucht
215 Italien, Norden
233 Kroatische Adria
167 Malta
155 Oberitalienische Seen
158 Piemont, Turin
014 Rom
165 Sardinien
003 Sizilien
203 Südtirol
039 Toskana
232 Venedig, Venetien

GRIECHENLAND/ ZYPERN/TÜRKEI
034 Istanbul
016 Kreta
176 Türkische Südküste, Antalya
229 Zypern

MITTEL- UND OSTEUROPA
236 Baltikum
208 Danzig, Ostsee, Masuren
169 Krakau, Breslau, Polen Süden
044 Prag
193 St. Petersburg

ÖSTERREICH/ SCHWEIZ
192 Kärnten
004 Salzburger Land
196 Schweiz
226 Tirol
197 Wien

SPANIEN/PORTUGAL
043 Algarve
214 Andalusien
150 Barcelona
025 Gran Canaria, Fuerteventura, Lanzarote
172 Kanarische Inseln
199 Lissabon
209 Madeira
174 Mallorca
225 Porto, Portugal Norden
241 Spanien Norden, Jakobsweg
219 Teneriffa, La Palma, La Gomera, El Hierro

SKANDINAVIEN/NORDEUROPA
166 Dänemark
212 Finnland
153 Hurtigruten
029 Island
200 Norwegen Norden
178 Norwegen Süden
151 Schweden Süden, Stockholm

LÄNDERÜBERGREIFENDE BÄNDE
224 Donau – Von der Quelle bis zur Mündung
112 Freiburg, Basel, Colmar
221 Kreuzfahrt auf der Ostsee

AUSSEREUROPÄISCHE ZIELE
183 Australien Osten, Sydney
109 Australien Süden, Westen
218 Bali, Lombok
195 Costa Rica
234 Dubai, Abu Dhabi, VAE
160 Florida
205 Iran
027 Israel, Palästina
242 Japan
230 Kalifornien
031 Kanada Osten
191 Kanada Westen
171 Kuba
238 Marokko
022 Namibia
194 Neuseeland
041 New York
184 Sri Lanka
048 Südafrika
012 Thailand
046 Vietnam